THE QUEST FOR YOUR LOST SALES

失われた「売り上げ」を探せ!

商売繁盛の大冒険

Yuji Kosaka
小阪裕司

フォレスト出版

オープニングは
映画「インディ・ジョーンズ」
シリーズの
テーマ曲をBGMにどうぞ

ようこそ、毎日ワクワクする人生の扉へ

この本を読み終えた時、あなたは世界が今までと違って見え、聞こえ、感じていることでしょう。

この本について初めに申し上げておきたいことは、「ここに書いてあることは、誰にでもカンタンに実践できることである」ということです。

なぜそう断言できるかというと、ここに書いてあることをすでに実践し、「きびしい時代」とはとても思えない成果をあげている方々は、地方の町のふとん屋さんだったり、若い女性たちで奮闘する化粧品販売業だったり、お父さんと息子さんで経営している町のお米屋さんだったりするからです。

わたしは、この本に書いてあることを実践する会を主宰しています。そこには五〇〇社あまり（二〇〇一年九月現在）の会社が参加しています。北は北海道から南は沖縄まで、上場企業から小さな美容院まで、さまざまな方々が参加し、この仲間たちと共に実践して

います。彼らと共に実践現場で育ってきたものが、これからあなたに語ることです。彼らのエピソードもたくさん登場します。

この本の内容について、ここで簡単にお知らせしておきましょう。

全編を通じてこの本は、読み物として楽しく読み進められるように書き下ろしています。ビジネス書としてはいささかユニークなところがありますが、ビジネス書が読み物としてつまらないことが、わたしには美しくないなと思えるからです。

第一章は、あなたが今見ている世界を、別の角度から見ます。ちょうどいつも正面から見ている水族館の水槽を、底から眺めてみるようなものです。きっとあなたにも違った世界が見えることでしょう。それがスタートです。

第二章は、極めて重要な考え方について語ります。少々哲学的なところもあったりしますが、精神論ではありません。わたし、精神論はきらいですので。この章で語られることは考え方ですが、実践に直接結びつく話です。そして実践する際の応用の基礎を成します。

第三章は、実践編です。具体的なやり方です。実践にあたって、最も重要な三つの事柄について語ります。会員たちの実践事例を中心に、できるだけわかりやすく語ってあります。この章に書いてあることを実践するだけでも、着実にあなたの毎日は変わります。この章だけでもこの本を買う価値があるでしょう（もっとも、ばら売りはしていませんが）。

第四章は、実践にあたってより成果を加速させる方法論をちょっと紹介します。ちょっととと言っても、そのパワーは絶大です。これだけで本一冊書きたいくらいです。

第五章は、わたしからのメッセージです。と同時に、この章まで読み進んだ時、このメッセージはあなたの内から聞こえてくる声でもあるでしょう。

OKですか？

それでは幕を開けましょう。

これからのひと時は、わたしが情熱を込めたエンターテインメントです。

ポップコーンとコーラの用意はいいですか？

PRESENTED
BY
YUJI KOSAKA

オープニング——誰が商売を殺したのか

「どうしてこんなに売れなくなったのだろう」と、そんな声を多く耳にする。
本当にどうしてこうなったのだろう。
誰が「商売」をこんなにしたのだろう。

時代が変わったという人がいる。
難しい時代になったんだよ、と。
たしかに今、時代の流れは速く、多くの人々はそれを呆然と見つめている。
そして口々にこう言う。
「誰にも先が見えない時代になったんだよ」と。

しかしわたしは思うことがある。

そもそも商売の相手は「ひと」ではないのか、と。

「ひと」はこの新世紀にあって、初めて世に出たのではない。

「ひと」は、少なくとも有史以前からここにいた。


商売の起源ははっきりしない。

しかし太古の遺跡からも、その時代に「商売」が存在したことを思わせるものが見つかっている。

その頃から今日、たしかに数千年の年月が流れている。

しかし、「ひと」は本当にそんなにも変わったのだろうか。


街角のなじみの店のおばちゃんとのやり取り、この中にふと感じる面白さはその昔からそうではないのか。

お気に入りの何かをふいに見つけたときの、あの何とも言えない〝ワクワク〟、あれは太古の人々にはなかったものなのだろうか。

今から約六〇〇年前に日本で書かれた書物がある。

それは一流の芸人たらんとする人のために書かれた実践哲学書。

作は世阿弥、その名を『花伝書』と言う。

その中には、われわれ現代の商売人にも通ずる言葉がたくさんある。

今から約三六〇年前に日本で書かれた書物がある。

それは、最強の剣豪たらんとする人のために書かれた実践哲学書。

作は宮本武蔵、その名を『五輪書』と言う。

その中には、われわれ現代の商売人にもあるべき心得がたくさんある。

今から約一五〇年前のパリで、ひとをワクワクさせることを追求し、圧倒的な民衆の支持を得ていた世界初の百貨店『ボン・マルシェ』。

そこで営まれていたことは、現代の商売にももちろん通用する。


こういう歴史の断片を振り返るとき、わたしはこう感じる。

「ひと」はこの数百年変わっていない。

そして大切なものは変わっていない。

「ひと」を相手にした商売の真髄はゆるぎないものがある、と。


ならば、誰が「商売」を殺したのか。


「商売」は殺されたのではない。

わたしたちが、大切なものを失っているだけだ。

現代のわたしたちに〝失われたもの〟がある。

それは六〇〇〇年前の芸人や、三六〇〇年前の剣豪や、一五〇〇年前の商人たちにも息づいていたもの。

「商売」は殺されてなどいない。

わたしたちに〝失われたもの〟があるだけだ。

ならば今、〝失われたもの〟を取り戻しに行こう。

それは何年もかかる苦難の旅ではない。

〝失われたもの〟は、ささやかな気づきによって取り戻すことができる。

なぜなら、それはそもそもあなたのものだからだ。


さあ、〝失われたもの〟を探す旅へ出かけよう。

今見えなくなっている真実を、あなただけは見るために。

今聞こえなくなっているお客の声を、あなただけは聞くために。

今感じなくなっている人々の期待を、あなただけは感じるために。

〝失われたもの〟を取り戻す旅——そしてそれは、あなたが密かに心の底で望んでいた旅でもあるのだ。

THE QUEST
FOR
YOUR LOST SALES

失われた
「売り上げ」を
探せ！

～商売繁盛の大冒険～

目次

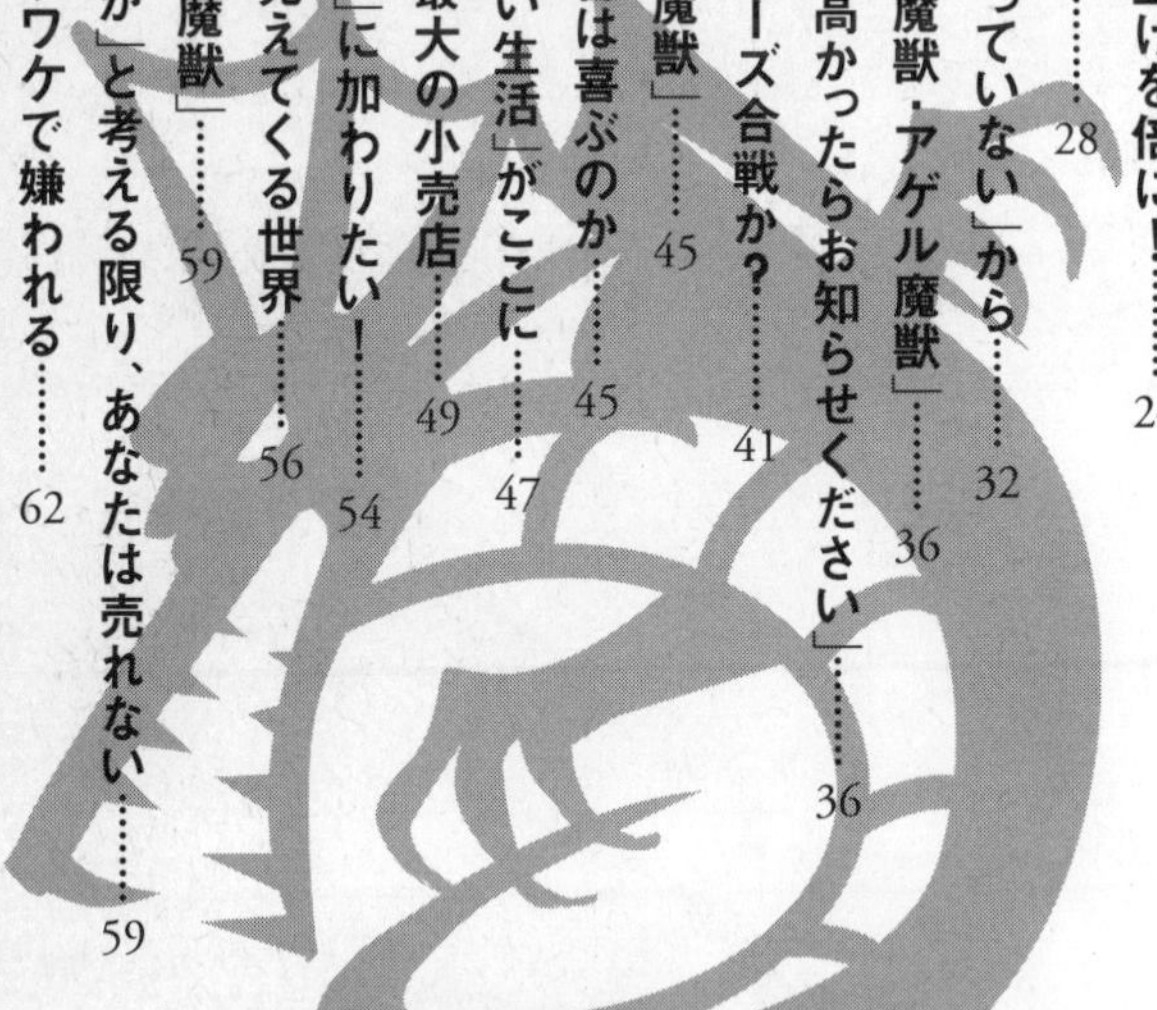

第2章 圧倒的ビジネス哲学 あなたはお客の師だ！

第3章 マスタービジネス実践のための三種の神器を手に入れろ！

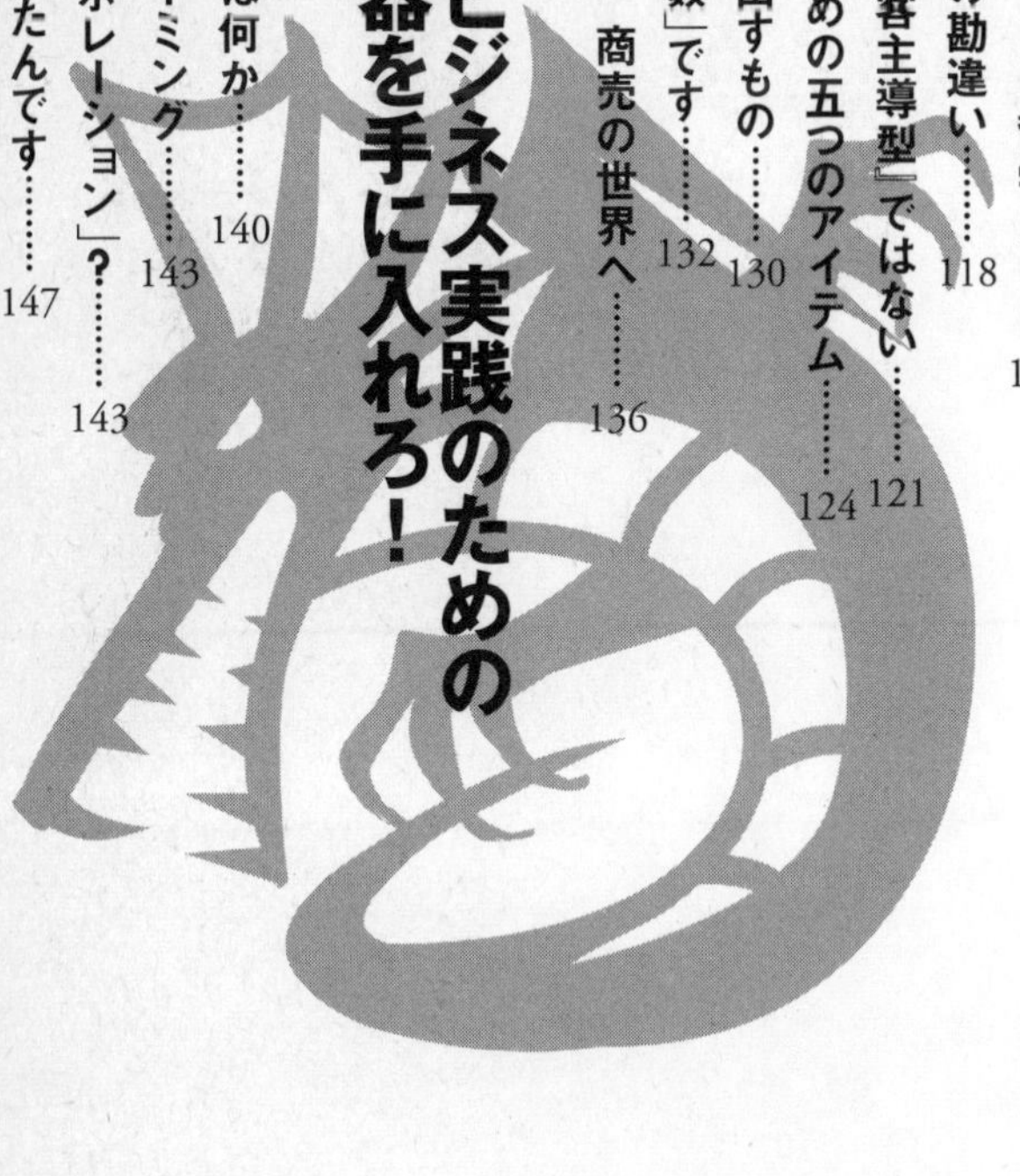

第4章 いつまでもお客を感動させる五つの秘儀

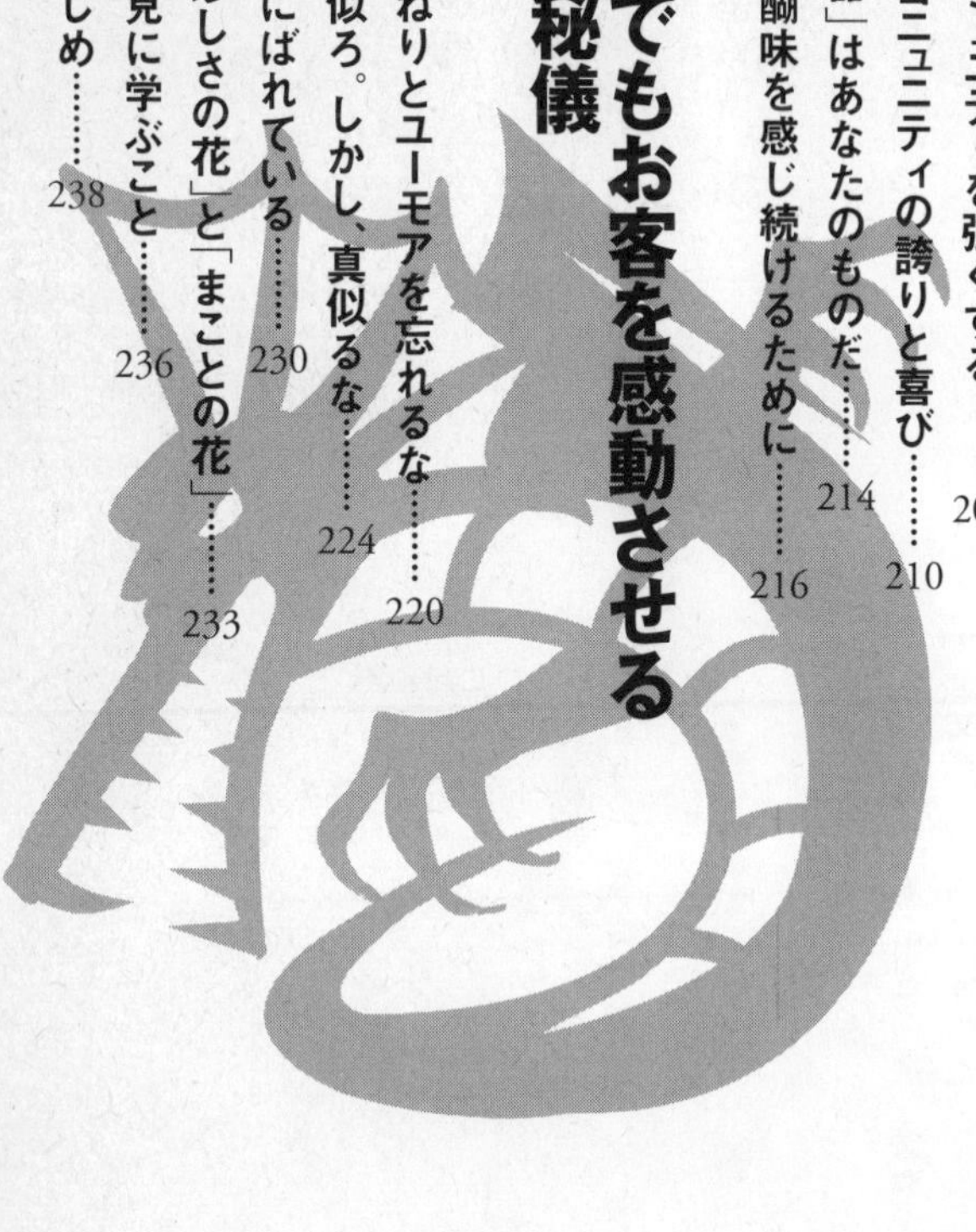

装丁・川島 進（スタジオ・ギブ）
本文イラスト・川野郁代
カバー写真・CHRIS WELL/amana images

第1章

これが元凶だ!
あなたの商売に立ちはだかる
四頭の魔獣

あなたの商売の前に
立ちはだかるものは何でしょう。
それは見えざる四頭の魔獣。
知らぬうちに忍び寄り人々を幻惑しています。
ヤツらの正体を暴き、永遠に封印する、
それがあなたの旅の始まりです。

◎この絵が何に見えますか？

さて唐突ですがここに「花びん」という有名な絵があります。

まずこの絵を見てください。

これ、花びんの絵ですよね。どういう花びんに見えますか？

こう講演などでお尋ねすると、このような返事が返ってきます。

「真ん中がくびれている」

「優勝カップのような形をしている」

「中世ヨーロッパ風」等々……。

そうですね。わたしにもそう見えます。

では、ちょっと視点を変えてみましょう。

黒いベタの部分に焦点を合わせてください。そうすると……ほら、二人の人物が顔を向かい合わせている絵……に見えるでしょう？

今あなたもこの絵が「向かい合っている顔」を描いた絵に見えているはずです。

では次にこの絵を「顔の絵」だと意識してよく見てください。「花びん」の絵を見ることができますか?

できないでしょう。できないんです。

この絵の中に「顔」と「花びん」を同時に見ることはできないんです、人間は。

これは脳のメカニズムです。

あなたは見ようとしたものしか見ることができません。

完全に脳のスイッチを切り替えないと、この絵の中に「花びん」を見ているあなたは、これは「向かい合っている顔の絵」だと知り、描かれているものを「顔」として見ようとしないかぎり、見えないんです、「向かい合っている顔」は。

わたしがあえて冒頭に「『花びん』という有名な絵があるんですけど」となぜ言ったか。

それは「花びんの絵」と言った途端に、あなたの頭の中には「この絵は『花びん』について描かれた絵だ」という前提ができる。「花びん」という言葉を聞いて「顔」を思い浮かべる人は大変珍しい。「花びんの絵」と言った途端に、この絵のことを知っている人か、よほどひねくれた人でないかぎり、あなたもまず「花びん」に見えたと思うんです。

え?　なぜこんな絵の話をするのか?

それはあなたの商売の〝失われたもの〟を取り戻すために、まず初めに倒さなければならない強大な〝敵〟を知るためです。

あなたの行く手を阻む強大な敵。それは強大な魔力で**あなたの脳に呪いをかけて**います。

これが、あなたが世界をありのまま見ることをさまたげているのです。

それはあなたの行く手を阻《はば》む四頭の魔獣です。

この冒険の第一歩は、この魔獣をここで打ち負かし、あなたにかけられた呪いを解き、自由な身で外界へ赴くことなのです。

魔獣の呪いから解き放たれるのはカンタンです。ヤツらが何者か、あなたがその正体を暴くことができれば、ヤツらは永遠に封印されてしまうのです。

ではこれからその四頭の魔獣退治に出かけましょう。

第一の魔獣　「不況魔獣」

◎ワイン一本で売り上げを倍に！

世の中不況だといいます。
毎日それを裏付ける言葉が活字がメディアでおどっています。
そしてあなたもつぶやくんですね。

「今は不況だから商品が売れない」

それは非常にまずい。

「不況」が、ではなくて、多くの人々のその考え方がまずい。それこそが第一の魔獣、「不況魔獣」の魔力。その魔力とは、「世の中不況なんだから、私のビジネスもうまくいきっこない」という思い込みを、人の心に巣食わせるものなんです。

しかし本当は、商品が売れないのは不況のせいじゃないんです。

こういう話をしましょう。

福岡の、あるゴルフ倶楽部のレストランでの話です。

そのレストランは店頭でワインを売っているんですが、わたしのところにこういう報告をしてきました。

「いきなりワインの売り上げが、**前月比で倍に**なりました」。

この店ではここのところ、ずっと売り上げは伸びていた。ワインは倍、日本酒はおよそ五倍です。その伸びていた売り上げが、さらにいきなり前月の倍になった。

ものすごいことですよ。

しかも、それが**たった一本のワインで。**

「どんなワインなんだ？」

あなたも、そう思いました？

この話を、ある酒屋さんの会合での講演でお話ししたら、みんな目の色が変わりました。

「どんなワインなんだ？　今、そんな売れ筋のワインがあったっけ？」

そこで酒屋さんたちに、商品名をお教えしました。

「シャトー・レスカール」

「……？？？」

売れ筋ワインではない。聞いたこともない銘柄だ。

「じゃあ、ものすごく安いワインか、すごくディスカウントしたかでしょ？」

「価格は、三二〇〇円です」

決して安くないし、ディスカウントもしてません。

「なぜ売れたんだ？」

酒屋さんたちは不思議でしょうがないわけです。

あなたはどう思います？

「シャトー・レスカール　三二〇〇円」

これで、欲しくなります？

ならないですよね。

この秘密は、その店が書いた一枚のＰＯＰにあります。

このワインに、こういうＰＯＰを一枚つけたんです。

――お待たせしました。やっと入荷しました。


これで、前月比倍です。

このＰＯＰを付けた途端にお客がどういう反応をしたか……。来店客が次々と、このワインの棚の前で足を止める。そして一〇人のうち九人がこう聞くんだそうです。

「これ、やっと入荷したの？」

そこで店員さんはこう答える。

「そうなんです、やっと入荷したんです」

と言うと、「じゃあ二本買おうかな」と。

来る客来る客みんなそう。

で、あっという間に前月比倍。

これは何が起きているのか？

今は不況だというのに、この店の客はどうしてしまったのか。

◎これがヒット商品？

もうひとつ、こんな話もあります。

ちょっと想像してみてください。

皮製の横長の札入れ。ちょっと人前で出すのが恥ずかしいくらい派手な黄色い財布。中国製。

これでセールスのトレーニングをしてみましょう。

あなたの社員さんやチームメンバーに、この黄色い財布を持たせて、人通りの多い街頭でセールスしてこい、と。

でもルールがひとつあります。売価は二万九八〇〇円です。まけてもいいです。本日限り、一万九八〇〇円までにしてもいい。

どうです？　売れそうな気がします？

まあ、本当にこういう無謀な特訓をやらせると、社員は辞めてしまいますから、やめたほうがいいですけど……**かなり売れない**です。

街頭で道行く人をさえぎって、いきなり「黄色い財布いかがですか！」って、それじゃ**ただの変な人**です。

お客からしてみれば「なんであんたからここで、こんな黄色い財布を、しかも二万九八〇〇円で……」って話でしょ。

いきなり街頭で「黄色い財布いかがですか？」

「いくら？」

「二万九八〇〇円」

「バカいってんじゃないよ！」って話ですよね。

けれども、これを一枚のチラシで売ってのける人たちが、世の中には実在するんですね。

そのチラシには、大きな文字でこうあります。

――大金は「黄色」を目指してやってくる！

――現金が束になって押し寄せる

――風水秘伝

そして、これでもか、というくらいの「すでにこの財布で大金を手にした人たち」の声。

「億万長者になる夢が実現　〇〇県〇〇〇〇さん〇才」

「金運が上がって、娘も玉の輿に！　○○県○○○○さん○才」

「金銭トラブルが解消し、店も大繁盛です　○○県○○○○さん○才」

そして極めつけはコレ。

――この財布を持っていただいて金運が良くならなかったら、**全額返金します。**

これで実際に買う人が、決して少なくないわけです。

「ほう、今黄色い財布が密かなブームなのか」なんて思ってはいけませんよ。

ここでさらに注目したいのは、まったく同じ広告内容で、お金が貯まる**ブレスレットがある**ということなんです！

そのブレスレットの広告にも、

――大金を引き寄せる驚異の力
――現金が束になってやって来る！

――秘石○○○○のパワー！

という文字がおどっているんですね。

そしてこれでもかという感じの、「すでにこのブレスレットで大金を手にした人たち」の声――黄色い財布と同じですね。

で、これも買う人が少なからずいるわけです。

となると、お客は財布でもブレスレットでも、どちらでもいいんじゃないの？　ひょっとして。

「そうか、せちがらい世の中だけに、わらをもすがる気持ちで、お金が貯まる財布やブレスレットを……」

お金さえふってわいてくれば。

そういう方にお教えしましょう！

さらに驚くべきものをわたしは見たんです。

別の雑誌広告で、まったく同じブレスレットが、**女性にモテる奇跡のブレスレット**になっていたんです！

そして、これもまた売れているという！

これ、どういうこと？

この不況下に、破格の高値で売れているものは、黄色い財布？　それともお金が貯まるブレスレット？　それとも女性にモテるブレスレット？　売れてるのは皮製財布？　ブレスレット？

そんなヒット商品、聞いたことありますか？

◎「売れない」のは「売っていない」から

さてさて、これが「不況魔獣」の魔力封じと、どういう関係があるか。

関係大有りです。

それは、商品が売れないのは不況のせいではないということです。

商品が売れないのは、**売っていないから**です。

売っていない、とはどういうことか。

「黄色い財布」を、街頭で「黄色い財布いかがですか?」と行商するのと同じことをやっている、ということです。

いきなり「黄色い財布いかがですか?」――これではなぜ売れないか。

それは、これではお客に対して**動機付けができていない**からです。

動機付け――わかりますか?

人というものは、何かの行動を取るとき、例えばある商品を「買う」という行動を取るとき、必ずそれに対する「動機付け」が先にあります。動機付けがなければ商品を買いません。「買おう」と思うこともありません。町をふらふらしていて、はっと気がついたら両手にいっぱい商品を買っていた――なんて人は**いません。**

人が何かの行動を取るときには、必ずその前に、そのための動機付けがある。

この黄色い財布は、お客の「買う」という行動に対して、動機付けができている。つまり、「これを持っているだけでお金がふってわいてくる」という。だから、あの広告中には、「黄色い財布いかがですか？」とはどこにも書いてない。書いてあるのは、「大金がふってわいてくる話」だけです。「この財布を持っているだけで、お金がふってわいてくるんだけど、買わない？」と言っているわけです。

あの「大金を引き寄せる」という「驚異のパワーブレス」もそうです。同じ動機付けがあるのです。

で、女性という女性を引き寄せる、という、驚異のパワーブレスは、限りなく同じブレスレットですが、動機付けが異なります。

あのワイン「シャトー・レスカール」の場合も、こういうことですね。

――お待たせしました。やっと入荷しました――

たったこれだけの言葉で、なぜお客が次々と買っていったかというと、それはあのワインが「やっと入荷したもの」だからです。「やっと入荷したもの」だから欲しくなるわけです。「それって滅多に手に入らないんでしょ。やっと入ったものなら飲んでみたい」と、こういうわけです。

「シャトー・レスカール」という銘柄はどうでもいいんです、極端な話。「シャトー・レスカール」という銘柄が動機付けにつながったのではなくて、「やっと入荷した」という事実がそそったんですね。

「売る」ということは、動機付けをするということです。

売れないのは不況だからじゃなくて、動機付けができていないから！

不景気も好景気も関係なく、問題はお客に対して動機付けができているかどうかなのです。

そしてここでもうひとつ感じてください。

動機付けをしているのはいったい誰なんだ、と。

少なくともお客自身ではないようです。普通、予備知識のまったくない方で、百貨店の財布売り場で黄色い財布を見て、「風水秘伝」を思い浮かべる人は、あまりいないと思いますので。

人は、何者かによって動機付けをされ、「買う」……考えてみれば当たり前の話ですが、この事実がまったく見えていない人が山のようにいる！　みんな売れないのは「不況」のせいだと思っている！

でも、あなたには見えてきましたね？

これが「不況魔獣」の正体です。

正体さえわかれば封印するのは簡単です。

封印！

第二の魔獣　「サゲル魔獣・アゲル魔獣」

◎「他店より一円でも高かったらお知らせください」

第二の魔獣は「サゲル魔獣・アゲル魔獣」。

二つの顔を持った二面魔獣です。

まず「サゲル魔獣」。

大変な魔力を持ってます。どういう魔力かというと、「価格を安くしなければ買ってもらえない」という考えを人々に広め、植え付ける魔力なんですね。

例えば多くの小売店の、新聞折り込みチラシ。

わたしの家にも毎日入りますが、どういうものが入ってくるかというと、商品がズラッと並んでいて、値段がダダダダッと並んでいるもの。最近の家電量販店あたりは過激になってきて、でーんと大きな文字で**「他店より一円でも高かったらお知らせください」**。

わたしの住んでる横浜は、家電量販店激戦区です。大きな量販店が町をグルっと取り囲んでいて、それらのお店の折り込みチラシが毎週新聞にすごい量で入ります。しかしほとんどみんな一緒。チラシだけ見ていると、どの店がどの店だかよくわからんですよね。なぜ一緒になってしまうかというと、商品が並んでいて価格が書いてあるだけですからね。すべてのお店が「最低価格保証」なんてやっているから、いったいどこが最低価格かなんてわからないですよね。「他店より高い品物があったら言ってください」なんて言いますが、これはまったくきりのない話です。


彼らが売っているものは、「価格」なんです。

商品ではなくて、値段を売る商売になってしまっているんですね。

自分たちは商品を売っていると思っているんです。やっている人たちは全然気付いていないわけですが。自分たちは、パソコンを売っているつもりとか、冷蔵庫を売っているつもりなんだけど、実は価格を売っているわけですね。「この値段だから買ってください」「安いから買ってください」、そういうことしかお客に言ってない。

これはわたしから見ると価格を売っているとしか思えない。

すると、彼らからは、こういう反論が返ってきます。

「そう言うけど、実際にはお客は安い店の商品を買う。それより安くすればうちの店で買う。それが現実だよ」

そう、それは現実です。

とは言うものの、お客の側に立って考えてみるとどうでしょう。

お客は「価格」を欲しいのでしょうか？

あなたは最近何かを安く買いました？

それ、「価格」が欲しかったからですか？

違いますよね。もし最低価格保証をしている店で家電製品を買ったという人、それは「お値打ち」に買いたかっただけで、欲しかったのは「価格」じゃないでしょ？

この場合、お客は「価格」が欲しかったわけではなくて、「お値打ち」に買えることが「買う」という行動を取るための**動機付けになっていた**と考えるべきなのです。

ここでまた考えて欲しいわけです。

お客にとって「お値打ち」であるということは、たしかに動機付けです。しかし、人にはそれ以外の動機付けはないですかね？「安くしなければ買わない」ということは、人の「動機付け」はそれだけ？　例えばあなたが商品を買う時の動機付けってそれだけ？「安い」以外に商品を「欲しい」と思ったこと、「買おう」と思ったことない？

では、次の競走馬の情報を見てください。

父・サンデーサイレンス／牡馬／黒鹿毛／兄弟にG1馬あり／森厩舎所属予定／四〇〇〇万円／四〇分の一口／一口一〇〇万円／関係者のコメント＝「ええ、生まれたときからこいつはピーンとくる馬でしたね。何しろ馬体のバランスがいい。小さなころのスペシャルウイークによく似ていますよ。ええ、もちろん大きいところを狙える器だと思ってます」

これ、はっきり言って「買い」です。**即買い。**
超お値打ちです。わたしにとって。
安いです。めちゃ安。
でも今あなたは、「は？」ですよね。

なぜ、わたしとあなたの間にこうも差が出るのか。

人は「安い」ものなら、超破格値のものなら何でも欲しくなるんじゃないのか。

そうではありませんね。

あなたはこの馬を、そもそも「欲しい」と思っていない。

人は「欲しい」と思ってないものは、いくら安くても買いません。

「お値打ち」という動機付けは、決して万能ではない。

そう。「お値打ち」ということは**動機付けのひとつにしかすぎない**わけですね。

おまけに、すでに「欲しい」と思っているもの以外には通用しない動機付けです。

しかも人には他にももっと動機付けになることはあるわけですね。彼女にカッコいいトコみせたいとか、急いでいるとか、もっと確たる理由もなくとにかく見た途端にグッときたとか。

「お客は安くしなければ買わない」というのは、「サゲル魔獣」の魔力です。

しかしこれで「サゲル魔獣」の正体が見えてきましたね。

◎かぐや姫へのプロポーズ合戦か？

最近ある業界の方のお話を聞いていて、ものすごくびっくりしたことがありました。

消費者にある商品を売って、（月々四〇〇〇円くらいの支払いのもの。一度契約すると解約するまでずっと支払いは続くんですが）その新規の契約を取るために、新規契約者にはなんとテレビを差し上げているというのです。同業の別の方は「私のところでは、このあいだ洗濯機を差し上げました」なんておっしゃるわけですね。契約と言っても月々四〇〇〇円くらいの売り上げの商品。

それでそろばんが合うんかいな。

テレビ、洗濯機……ちょっとやりすぎかもと思っても、その業界ではみんなが壮絶なプレゼント合戦をやっていて、負けられない。

うーん。かぐや姫のプロポーズ合戦じゃないんだから、そんなプレゼント合戦はやめましょう。

こうしてなんでも無料であげてしまう。これは「アゲル魔獣」の魔力。価格をさげるだけじゃ飽き足らず、ついには無料であげてしまう。

しかもそのうえ（そのお話をしてくれた方がおっしゃっていましたが）「それだけのことをしているのに、お客がさっぱり感謝してくれないんです」ですと。

これは寂しい。

でもよくある話です。

「プレゼントしたのに感謝されない」という話を聞いて、こういう話を思い出しました。ある、ゲームセンターや遊具施設を経営なさっている方からお聞きした話です。

「今日ご来場の皆様にもれなくキティちゃんかポケモンの風船を無料プレゼント！」って言う、おなじみの集客手段がありますよね（あの銀色でフワフワしている風船ね）。それを家族向けの遊具施設でやると、お客さんがズラーッと並ぶんですって。

ズラーッと並ぶのなら集客には成功だということなんですが、ひとつ問題がある。

それはね、お客さんが**誰も感謝しない**ということなんです。

それどころか、ズラーッと並んでいるお客さんから、文句を言われるんだって。「早くしろよ」とか「違う違う、ウチの子はキティちゃんだよ」とかね。お客さんが怒るんだって。だから、何か従業員もつまらないでしょ。せっかく風船をプレゼントしているのに誰も感謝してくれない。感謝どころか怒られもする。

そこで、無料プレゼントというのを一切止めて、汽車ポッポなどの少し大掛かりな遊具に乗ってくれた子供に、降りるときに風船を手渡すようにしたんだって。「は～い乗ってくれてありがとう」と。

すると今度はなんと、**お父さんお母さんみんな大感激。**

「いやぁすいません、いいんですか？　ホントにありがとうございます」って、みんな丁寧にお礼を言うそうです。

同じ風船ですよ。ついこの間まで無料プレゼントで並ばせると「ウチの子はそっちだよ」とか「早くしてちょうだい」とか言われていたその風船プレゼントが、今度はみんな**大感謝。**

これ、なぜだかわかりますか。

これは人の「感動と感謝のメカニズム」に関係します。

この場合、この風船プレゼントが**思いがけないことだった**からです。この思いがけなさに感動があり、ここに感謝の気持ちが生まれるわけです。

つまり、ただあげるだけでは、感動と感謝は生まれない、ということです。

にもかかわらず、感謝されずにつまらない思いをしながら、風船をあげる、テレビをあげる、洗濯機をあげる、あげる、あげる、あげ続ける理由は、何かあげなければ買ってもらえないという恐怖感でしょう。

これも「アゲル魔獣」の恐ろしい魔力です。

しかもまずいことに、こちらは「あげている」という意識が強いがあまり、「こんなにあげているのに、なぜ感謝しないんだ」という感情になってくる。

お客はお客で感動と感謝なく、「もらって当然」という意識に最初からなっているので、あなたがその見返りを要求すればするほど不快になる。

これは不毛なやりとりです。

ものをあげるということが、果たしてここで効果的に働いているのか。つまり、それがお客の「買う」という行為への動機付けにつながっているのか。ここが問題です。

お客が「もらって当然」と思う限り、お客の心に感動と感謝は生まれて来ません。であれば、これはあまり意味がない。「アゲル魔獣」の正体見たりです。

でも正体が見えれば、何かをあげなければならない、という恐怖も消えていきます。

これで「サゲル魔獣」も「アゲル魔獣」も正体が見えましたね。

封印！

第三の魔獣　「ニーズ魔獣」

◎ニーズを聞けばお客は喜ぶのか

「こういう時代はとにかくお客のニーズに対応しなきゃね」

これは第三の魔獣「ニーズ魔獣」の魔力による囚われです。

「お客がニーズを持っている」というふうに世界が見えている。これこそが「ニーズ魔獣」の魔力なのです。

では、その正体を暴きましょう。

実は、**お客のニーズに対応するビジネスは、お客を感動させられない**のです。

お客ニーズの魔力にかかっている人、非常に多いです。

こういう難しい時代だから、とにかくお客のニーズをできるだけ聞いて、それに対応することで、お客に喜んでもらおうとする。

しかし、それで本当にお客は喜ぶか？

大分県大分市に、あるおふとん屋さんがあります。「お客のニーズに対応することが大事」と思っている方がそこへ行くと、きっとあきれますよ。

例えばベビーぶとん。おふとん屋さんにとって大切な商品ですよね。お母さんたちにとっても大切なものですよね。それが、**一種類しか置いてない。**

ここのお客は全員それを買う。これはお客のニーズに対応している？してないですよね。お客がこれ仕入れてくれと言ったから仕入れましたという世界ではないわけです。

「それはお客にとって不親切なんじゃないの？」

「その店はお客の立場に立ってないんじゃないの？」

そう思った方は「ニーズ魔獣」の魔力にやられています。

ところで「ニーズ魔獣」の正体をより明らかにするために、ここであなたにお話ししたいことがあります。少し長くなりますが、とても興味深く、含蓄のある話なので、しばしお付き合いください。それは、約一五〇年前のパリに出現した「ボン・マルシェ」という名の、世界初の百貨店の話です。

◎「あなたがしてみたい生活」がここに

実は「ボン・マルシェ」は現存しますが、この世に誕生したのは約一五〇年前のことです。その頃のボン・マルシェがどういう存在だったかというと、それはもうものすごい存在だったのです。そのあたりの話は鹿島茂さんの『デパートを発明した夫婦』という本に詳しく載っていますが、ここでその幾つかをご紹介しましょう。

当時の時代背景をみると、多くの市民が産業革命のあと、ちょっと豊かになってきたところだった。いわゆる「中流階級」が社会に現れてきて、今までは本当に着る物が着れればいい、家は雨露がしのげればいいという世界から、「生活を楽しみたい」という欲求が高まってきた時代だったのです。現在のわたしたちとよく似てますよね。

それまでの生活水準は、ある程度多くの市民が満たされた。これからもっとプラスアルファ、もう一歩上の次元の生活を楽しみたいなという、漠然とした欲求が、当時のパリ市民にあった。それに対してボン・マルシェの実質的創始者アルフレッド・ブシコーと彼の妻が、ボン・マルシェという百貨店を作り上げた。

彼らがそこで何をしたかというと、ブルジョワの生活スタイルを、中流階級の人たちの手に届く形にしてお届けした。彼らの欲求を満たしてあげたわけです。「ブルジョワの生活スタイルをあなたも楽しむことができますよ、そんな生活をしたくなったら、ボン・マルシェへいらっしゃい。例えばここで白い手袋を買いなさい」。それは本当にブルジョワが着けているような高級なものではないかもしれないけれども、同じような世界を味わえる。そういう話ですね。そういうものをいっぱい売っていたんです。

当時のボン・マルシェで売っていた商品は、お客のニーズに対応したものではないわけです。ボン・マルシェは、お客の漠然とした、曖昧模糊とした要求、なにか自分たちが満たされていない、なにか生活が物足りない……それに対してある種の明快な答えを提示したのです。「あなたがたがしてみたい生活は、ここにありますよ」と。

◎圧倒的だ！　世界最大の小売店

アルフレッド・ブシコーはものすごくいろんなことを考え、実行しています。

例えば、お客が一歩お店に入った途端に、圧倒的な、めくるめくワクワクの世界に引きずり込まなくてはいけない。そのために、入り口をどうするか、入ったところのエントランスホールをどうするかを、ものすごく考えているんですね。

ホールについての彼のこだわりはものすごくて、当時の第一級の建築家を登用してできた最初の一号館のホールを彼は気に入らなかったらしく――結構荘厳なホールなんですけど――その設計者を、竣工後更迭した。どうしても彼がやりたかったことというのは、入り口から入った途端に、圧倒的な大空間が広がり、天空から陽光が降り注ぐ、そんな大空間が目の前に広がる。こういう圧倒的にお客を魅惑する、ということがやりたかったんですね。ところがこの当時の建築家のレベルでは、大きな天窓をとってそこから燦燦と光が差し込むとか、何層もの吹き抜けという大空間は作れない。しかしブシコーとしては、一号館の建築士たちが作ったものが、まったく気に入らない。そこで彼が、二号館の建築に誰を登用したかというと、あのエッフェル塔の建設者、ギュスターブ・エッフェルを登用したんですね。当時の最先端の技術——鉄とガラスを駆使した鉄鋼建造——を導入して、はじめて大きな天窓のある吹き抜けの大空間ができる。だから二号館が完成したときには彼は非常に満足したという逸話があります。三層吹き抜けの大空間です。オペラ座みたいな大空間がエントランスホールにあった。

しかし彼はそれだけにとどまらず、そのホールに入った途端にめくるめくワクワクの世界に突入するために、さらに何を考えたか……。入り口をわざと小さくしたんです。入り口を小さくして、周辺にお値打ち商品をいっぱい並べた。すると入り口周辺に人が群がる。群がっているとそれを見た道行く人たちも「なんだろう」と興味を持ちますよね、興味を持って近づいていって、すいませんすいませんなんて言いながら人ごみをかきわけて中に入ったら、いきなり大空間がボーンって。こういうシナリオを描いていたんですね。

いまの百貨店がここまでやっているかというと、やってないですよね。一五〇年前に作られたシステム、モデルをそのまま踏襲して、進化しないでいるところが多い。でも百貨店を作った人はここまで考えていたわけです。

それから面白い話があって、〝ニッパチ〟という考えはこの当時からあったんです。二月と八月は売り上げが落ちる。

そこで彼が何を考えたかというと、パリの二月は非常に寒く雪も降りますから、「そうだ、白物セールをやろう、白いもののセールをやろう」と。これが大ブレイク。

当時は白い下着だとか、白い洋服だとかが、嫁入り道具として非常に大事だった。貴族のたしなみだった。だからみんな白いものに憧れていた。そういうバックボーンがあって、そこで白物セールをやって大ブレイクした。

しかし彼はそれだけにとどまらず、あるときの二月の白物セールでは、「今年のテーマは、北極だ」という感じで、三層吹き抜けの大ホールに巨大な北極グマが二頭上から見おろしているディスプレイがあって、それから二階三階につらなる階段全部に雪がバーっとディスプレイされて、たくさんのペンギンがいる。

もう、圧倒的ですね。

お客の方でも、白物セールにワクワク出かけて行ったら、ペンギンが並んでいる……うれしいでしょ、楽しいでしょ。行くだけで楽しい、面白いですよね。本当に毎日行きたくなるお店でしょう。このボン・マルシェに行くということが、本当に当時のパリ市民にとって面白くてしょうがない、という世界があったんですね。

さて、お客を圧倒的にワクワクさせることにそこまで情熱をかけていたボン・マルシェですが、ここで「お客のニーズに対応しない」ことに関して二つほどご紹介したいボン・マルシェの取り組みがあります。

まずボン・マルシェの景品。

ボン・マルシェでは子供連れで来るお客に景品を配っていたのですが、何を配っていたかというと……絵はがき。絵はがきを景品として子供たちに配っていた。

どういう絵はがきかというと、アッパー・ミドル階級の家族がリゾート地の海岸で遊んでいる――そんな姿が描かれた絵はがきです。リゾート地で遊ぶ子供たちと遊ぶ景品の多色刷り絵はがき。アッパー・ミドル階級の少年少女の一年間の日常生活を一二枚のセットにして、子供に無料でプレゼントして、無意識に上昇指向―ボクもこんな風に海岸で遊びたいな――を刷りこませていく…。

よく考えていますよね。ものすごいでしょ。

子供にアッパー・ミドル階級の家族がリゾート地でどんな楽しみ方をしているかを一二ヶ月、一二枚の絵はがきにして配っているわけです。子供たちは大喜び。お父さんお母さんも大喜びなんですけど、よく考えてみたら、「お父さん、わたしもあんな暮らししたいな…」って子供は思ってるんだよね。お父さんに「私もこういうことがしたい！」とねだるかもしれないし、でもひょっとしたら自分は将来はこんな暮らしをしよう、と決意するかもしれない。

つまり、**お客を教育していた**んです。

そこまで考える。さすが商人です。

二つ目。ボン・マルシェが、お客さんにアジャンタっていう手帳をプレゼントしていたんですね。家計簿を書いた手帳。ボン・マルシェのお客さんは貴族じゃないから、中流階級だから、お客さん招いて毎週のようにホームパーティーとかしないんですよ。しないんだけど、そのアジャンタという手帳のなかに、ホームパーティーのための招待客リストとかがあるんですね。そのページには夜会服に身を包んだ男女が楽しげに談笑している光景が描かれている。

絵はがきにしてもアジャンタのパーティーのページにしても、とにかくありとあらゆる手段で、お客がまったく思いつきもしなかった生活様式を、お客がなんとなく悶々としている、毎日の生活が満ち足りてないな、ということへの答、それを提示しているわけです。

お客のニーズに対応しているわけではないんです。お客はそういう生活シーンがあるということすら知らない、思いつかないわけですから。

これこそが、圧倒的に当時のフランスの人たちを魅了して、世界最大の売り上げを誇った、世界最大の小売店の姿です。

◎お客は「事件や冒険」に加わりたい！

『デパートを発明した夫婦』（講談社刊）の中にマイケル・ミラーというボン・マルシェの研究をしたマイケル・ミラーの『〈ボン・マルシェ〉、ブルジョワ文化とデパート一八六九―一九二〇』という文献の一節を紹介してありますので、それをここに引用します。

「客を消費へと誘うのは、一種の誘惑技術の問題、ある種の舞台演出のようなものだった。そしてブシコーはこういった領域で類稀な才能を発揮した。すなわち、ブシコーはデパートのなかに魅惑に満ちた雰囲気を作り出すことを心得ていた。（……）〈ボン・マルシェ〉はある種の恒常的祝祭、一種の制度、ファンタスティックの世界、とてつもない大スペクタクルになり、人々がそこに出かけるのは、事件や冒険に加わるということになる。つまり、これこれの品物を買いにいくのではなく、ただ単にそこを訪れるためであり、たまたま買い物をしたとしても、それは楽しみのためであり、生活に別の次元を加えてくれる経験に参加するためということになる」（傍線はわたしが引きました）。

まさにわたしがここで言いたいことは、これなんです。

「事件や冒険に加わるため？　んな大げさな」って思う人もいるかもしれませんが、そういう方も、たまたま通りかかった道端で、普段は何でもないところに人が鈴なりに集まっていて、なにやらみんなガヤガヤしながらひとつの方向を向いていたら、またその集団から「あっ！見えた！」とか「すっごいねえ」とかの声がもれてきたら、やっぱりその輪の中に加わらないではいられないでしょう？

そう。人は事件や冒険に加わることが大好きなんです。

そしてボン・マルシェ。ここが当時のパリ市民のニーズに応えていたか？　まったく違うんですね。めくるめく「あなたの知らない世界」に引きずりこんでいるだけです。そしてお客がそこに行くのは、事件や冒険に加わるため、商品を買うのは楽しみのため、生活に別の次元を加えてくれる経験に参加するためなんです。そしてこれこそが今も昔も、洋の東西を問わず変わらない、お客にとって**最大最強の動機付け**なんです。

◎別の見方からこそ見えてくる世界

もちろんこれは小売業だけの話ではありません。

ここにこそ、わたしがお話ししたいビジネスの本質があります。

あなたが創っているものが商品であれお店であれ、それはお客にとっては「事件や冒険」でなければならないということです。それに参加することで彼らは楽しみ、生活に別の次元を加えるのです。

だけどそれは「お客はニーズを持っていて、ビジネスとはそれに対応することだ」という見方に囚われていたら、見えない。まったく見えない世界です。

これは**へたな怪談より怖い話**だと思います。

「ニーズ魔獣」の魔力にかかっている人は、例えばあの「花びんの絵」を、最初から「これは『花びんの絵』だ」という前提で見てしまうのと同じで、世界を「お客にはニーズがある」という前提で見ようとする。すると脳は、世界をそうとしか見ない。でも実は、世の中は全然違った世界なのかもしれない。

わたしは別の見方で世の中を見ていますから、お客は消費したがっていると感じている。

「頼むからお金を使わせてくれ」と言っている。

でもその反面でお客は、自分の金を**何に使ったらいいか、よくわかんない**んですよ。

そして誰もそれを教えてくれないんですよ。

だって、本来それを教える側の人たちの脳が、「お客にはニーズがある」と思い込んでいるわけですから。

人々はお金を使うあてがないから、しょうがなく貯めている。自分の毎日を満ち足りた気持ちで過ごすためには、貯めてたってしょうがないということはみんなわかりながらも……。

例えば人間六〇才を過ぎると、「棺おけまでお金を持っていけるわけではないし」なんて思ったりするわけです。それで六〇才を過ぎると、バンバンお金を使い始める人が多いんですよ。六〇才以上じゃない人たちも、貯めてたってしょうがないとわかっているんだけども、自分たちをワクワクさせて、自分たちの気持ちを満たす、そのためにお金を使わせてくれるところがないんですね。そういうことを教えてくれる人がいないから、しょうがないから貯めているわけですね。

お客が満たして欲しいのは「気持ち」です。でもどうしたらいいかわからない。

だから約一五〇年前、ボン・マルシェは立ち上がった。**パリ市民を救うためです。**決してお客のニーズに対応するためじゃない。お客の方には具体的な要望は何もない。彼らは「満たしてくれ」と言っていただけです。ヒーローはお客じゃない。ボン・マルシェの方だ。

そして当時の売上数字が示しているように、商売の結果としては熱狂的と言っていいほどのお客の支持が得られた。そこにはお客からの絶大な感謝もあったに違いありません。「お客にはニーズがない」ということの意味、見えましたか？　感じ取っていただけましたか？

これこそ第三の魔獣「ニーズ魔獣」の魔力、そしてこれが正体です。

封印！

第四の魔獣　「商品大魔獣」

◎「商品をいかに売るか」と考える限り、あなたは売れない

ついにあなたは三頭の魔獣を打ち負かし、最後の魔獣のところに来ました。

最後の魔獣、それは先の三頭の魔獣を統べる魔獣の王「商品大魔獣」です。

多くの方は「この商品をどう売ったらいいんだろう」「今どの商品を売ったらいいんだろう」とどうしても考えがちですが、お客から見ればそういう思考ではないわけですね。

なぜならお客がお店に行くのは「事件や冒険に加わるということ」、商品を買うのは「楽しみのため、生活に別の次元を加えてくれる経験に参加するため」だからです。

例えば、あるメーカーさんからこんな相談がある。「うちの商品はこれこれこういうものなんですが、先生、どのようにしたらもっとよく売れるんでしょうか」って。

その考え方自体が、『花びんの絵』と同じ！

「この商品をどのように売るか」「どうしたらこの商品がもっと売れるだろうか」「どうしたらこのサービスがもっと売れるだろうか」「どうしたら我が社の製品がもっと売れるだろうか」と考えること自体が、すでに**答えの出ない道を歩いている。**魔力にかけられている。すると先ほどの「花びんの絵」と一緒で、脳はそのように見て、考えてしまうクセがついてしまう。

先ほども書きましたが、わたしのところにくる相談の多くが、「どうしたらこの商品がもっと売れるか」というものです。繰り返しますが、これは大変な間違いです。

なぜか？　それは**「商品を買いたい人」はこの世にいない**からです。

「でもウチの商品は売れているよ」って、それは、商品が売れているんじゃないんですね。商品を買いたい人はいない。いないのに、「この商品をいかに売るか」と考えても、まったくズレてしまう。そして、このように考え始めた途端に、そのようにしか世界が見えなくなるし、そのようにしか発想できなくなるから、それは完全に発想が間違ってしまう。

先ほどの、「黄色い財布」と「ブレスレット」の話を思い出してみてください。あれを買ったお客にとって、「財布」か「ブレスレット」かは、このさいどうでもいいことなわけです。

「買う商品」は何でもいいんです。

彼らが買ったものは「財布」や「ブレスレット」ではない。「お金がふってわいてくる方法」です。

くどいようですが、「花びん」を「顔」として見た途端に、今度は「花びん」とは見えなくなったでしょう？「花びんの絵」と「顔の絵」とは、同時に見えないんです、脳というのは。ですから「この商品をいかに売るか」と考えた途端に、その脳の回路だけが動きますから、その方向でしか発想できない。その方向でしかお客の動きが捉えられない。その方向でしか世界が見えないんです。

これはまったくの、危険な状態。なぜならば、「商品を買いたい人」は世の中にいないわけだから、どんどんズレていくわけです。

「商品を買いたい人」はこの世にいないとはどういうことか？——この問いに対する答えの前に、あなたの理解をより深めていただくために、もう少し話を続けましょう。

◎売り込みはこういうワケで嫌われる

「商品を買いたい人」は世の中にいない、**だから売り込みが嫌われる**わけです。

みなさんもご記憶ないですか？

売り込まれると怖いでしょ？　不快でしょ？

売り込みほど不快なものはないですよね。

ここで言う「売り込み」とはどういうことかがピンとこない方は、ぜひお近くの百貨店に行っていただいて、例えばスーツ売り場に行くと、「売り込み」に遭います！

スーツ売り場に行くと、「このスーツいかがですか？」って店員さんが来るわけです。一所懸命やっている店員さんには申し訳ないですが、正直、怖いです。ところが「商品を売らなきゃ」って、「花びんの絵」のように考えている人、「この商品を売らなきゃ」と、それしか考えていない人は、必死になって来ますよね。「見込み客かもしれない」と。そして言うのです「このスーツいかがですか？　よかったら、はおってみてください」

たしかにそのお客は見込み客かもしれないですよ。でも、その商品を売り込む前に、その商品についてお客が関心を持たない限り、「欲しい」という感情が少しでも湧かない限り、売り込みになっちゃうわけです。

で、関心を持ったら、スーツについて聞きたいこと、いっぱいありますよね。「これ似合うと思う？」「これ、素材は麻なの？」とか。それは接客して答えてあげなきゃいけない。だけど、間違いがそこで起こっているわけです。

わたしにも恐ろしい思い出があります。

ある差し迫った必要性があって、ネクタイを買いに行ったんですよ。そうしたら、三人の店員さんがこっちを見ている。じーっと。気がつくと広いフロアにわたししか客がいない。で、一歩一歩近づいていったら、さらに「じーっ」……。

カモシカが歩いていったら、ヒョウが三頭……そんな感じ。怖い……。でも差し迫った必要性があり、どうしてもネクタイを買わなきゃいけないので、近づいていくわけです。勇気を持ってヒョウの群れの中へ。するといきなり近づいてきて「どのようなネクタイをお探しですか！」って。

ほっといてくれ！。聞きたいことがあったら、こっちから聞くから。

この辺、アメリカやヨーロッパの接客は、よく心得ているな、とすごく思う。

「ボンジュール」とか「ハロー」とか。「こんにちは」って感じですよね。あとは「何かお手伝いできることありますか?」って。「いや、今はいい」って言ったら「何かあったら呼んでね」って。何かあったら呼びますよね。何かあるもん、欲しいものができたら。こういうリズムってすごくいいですよね。ところが日本の多くの店ではいきなり売りこみに入る。商品を売るとしか考えていないから。これはすごい怖いですよ。恐さA級くらい。

なぜ「売り込み」が危険か。なぜお客に不快な思いしかさせられないか。もちろんやっている本人たちも十分ストレスがたまります。

それはお客に動機付けをしていないからですね。もっとも重要な**動機付けのプロセスをすっ飛ばしている**からです。

動機付けされていないのに、自分が心から「欲しいな」と思っていないのに、いきなり商品を買うことはあり得ない。そしてそれを無理やりしてしまったらそんな売り込みでお客をワクワクさせることができるか、あなたのお店・会社のファンが増えていくか?

あり得ないですね。

にもかかわらず、多くの人たちがそういうことをやっているんですね。

◎商売というゲームのルール

売れる……もう少し正確に言うと、「売り上げができる」、というのは、ルールです。ゲームのルール。貨幣経済社会のルールです。

わたしは昔イベントプロデュースの仕事をしていました。イベントというものは、一途にお客を楽しませることしか考えていないわけだし、それが商品なのですが、お客の方も「楽しませてくれてありがとう」と思っても、現代社会は物々交換ではないんで、「これ、お礼に。今朝採れたじゃがいもだけど」といって持ってくる人もいないし、また持ってこられても困るわけです。

で、**おひねりが飛んでくる**わけです。「ありがとう」と感じたらお金を払いましょうね、というルールになっているわけです。

ルールだから、売り上げが上がるわけです。

つまり、**売り上げの本質は等価交換**なわけです。「何かをしてもらったのだから、お返しをする」ということなのです。ところがこれをまったく違う見方をしてしまうと、とにかく商品を売って売り上げを上げるためにどうしたらいいか、と、そういう見方・考え方になってしまうんです。

わたしには、お店で「七五〇円です」とか言われてお金を払うとき、「これって不思議だなあ」と感じることがすごくあります。

この「お金」ってものはなんなの？　と、非常に不思議だと思うことがあります。

こういう貨幣経済社会って、そんなに歴史は長くない。

商品を買ってお金を払うという社会は、人類の歴史と比較してそんなに長くないです。

何千年という人間の歴史のなかで、「何かをしてくれてありがとう、だからわたしはあなたにこれをさせていただきますよ」、というルールは、ずっと昔からあります。

そもそも動物の世界は相互扶助ですものね。例えばアリの世界なんかすごい相互扶助でしょう。「わたしは子供を産みましょう」「わたしは餌をとってきましょう」とか。生物の世界ではよくありますよね。虫を取ってくれる魚とか、体をきれいにしてくれる寄生虫とか、うまくやっているじゃないですか。

そういう「何かをしてくれたから、わたしはあなたにこれをお返ししましょう」という**等価交換は、古今東西、アリから人まである**んです。

ところが「お金を払う」という歴史は、極めて短い。それは最近のわたしたちのルールです。

商売というゲームのルールに過ぎないのに、商品を売らなきゃいけない、売り上げをあげなきゃいけないという、それしか見えていない人には、「売り上げ」というのがいったい何なのか。お客さんが「はい」と言って差し出す千円の紙切れは、この貨幣とは一体何なのか、という**意味がよくわかってない。**わかってないのに、まったく違うルール、脳の回路でものを考えてしまう。

実はこれは、本当に恐ろしい「商品大魔獣」の魔力です。

本当はお客はなんと言っているか？

お客は「商品は欲しくない」と言っているんです。

◎人のたったひとつの動機付けとは

わたしは小売業時代があり、実際に毎日店に立ってご婦人に婦人服を売っていたからわかりますが、古い話で恐縮ですけど、その古い、まだ従来のルールが成り立っていた時代から、すでにご婦人のタンスのなかには、洋服がいっぱい。だから当時わたしの店でお洋服を買ってくださったお客様も、もう「洋服」が欲しいわけじゃなかった。

今は洋服だけじゃないです。家電だって、家具だって、食べ物だって飲み物だって、いっぱいある。不自由はしていない。

そんなとき、お客がなんと言っているか。

お客は**「教えてくれませんか?」**そう言ってるんです。

彼らが何が知りたいのか、見えますか?

その心の声が聞こえますか?

彼らの気持ちを感じますか?

彼らが知りたいことは、約一五〇年前のパリ市民が知りたかったことと同じです。

それはこうです。

「何が私にとって加わりたくなる事件や冒険か? 何が『楽しみ』か? 何が『生活に別の次元を加えてくれる経験』なのか? 何にお金を使えばそうなるんだ!?」

お客が欲しいものは商品ではありません。

お客が欲しいものはこの問いへの答えです。

この問いの「答え」がすなわち、お客が商品を買う「動機付け」になります。

彼らは、今のモヤモヤっとした気持ちを抱えながら、答えを知りたいんです。

「どうしてモヤモヤしてるの？」

「なんで毎日がいまひとつ満ち足りないの？」

「誰か答えを教えてくれないか？」

これが人々の気持ちです。

彼らは商品を欲しくない。欲しいものはそれによって得られる「事件や冒険」です。その「楽しみ」、それによって「生活に別の次元を加えてくれる経験」を手に入れたいのです。

それらが手に入れれば、彼らはどんな気持ちで毎日を過ごせるでしょう。

そう。お客は朝起きてから、夜寝るまでを、**いつもワクワクした気持ちで過ごしたい**のです。

そして、この「いつもワクワクした気持ちで過ごしたい」という事実こそが、人の最も深い動機付けです。

人の最も深い動機付け——お金が欲しいことも、女の子達にもてたいことも、肩こりを治したいことも、お気に入りのカフェがあることも、すべてはこの動機付けとつながっています。

「いつもワクワクした気持ちで過ごしたい」。

ところで〝ワクワク〟という言葉をこのように語ると、それは子どもがディズニーランドに行く日を指折り数えるような、そういう類の感情だけを思い浮かべる方が多いんですが、〝ワクワク〟というのはもっと裾野の広い感情です。

例えばわたしは昔小売業にたずさわっていまして、婦人服売り場の責任者を務めていたことがありますが、その頃、売り上げが悪いとすごくつらかった。毎日決められた売り上げ予算というものがありますから、それがいかないと胃がぎりぎりするわけです。そんな当時、他の店舗ではたいして売れていない商品があって、それを売り方からいろいろ工夫した結果、自分の店でだけばか当たりしたことがありました。それはまさに〝つらい〟毎日から脱却する方法であり、それが見つかって本当に〝ワクワク〟する気持ちになったものです。

毎日そういう気持ちで過ごせれば、それはいいなと思いませんか?

あなたも思うでしょ?

みんなそうなんです。

別に、毎日眉間にしわを寄せて、深刻に悩んで過ごしたいわけじゃないんです。

みんな〝ワクワク〟する気持ちで毎日を過ごしたい、朝も、昼も、夜も。——これが人の、たった一つの動機付けなのです。

ですからお客は商品が欲しいのではないのです。

シャトー・レスカールを買うことも、黄色い財布を買うことも、婦人服を売っていた当時のわたしが、納入メーカーさんに、「もっと売れる商品ないの？」と言っていたことも、すべてはこの気持ちを得るための動機付けに基づいていたのです。

人は、**この気持ちを得るための手段を、いつも探している**のです。

◎いざ、売り上げアップの冒険へ

おまけに人はひとところにとどまることが大嫌いです。

一度〝ワクワク〟を得る手段を手に入れたとしても、その同じ状態がずっと続くとムズムズしてきます。そしてまた新しいものを探しに行こうとするのです。

人は、いつも人生の冒険に心引かれているのです。

「冒険」という響きを聞くとワクワクするでしょう。現代は冒険の少ない時代ですから、人々はそれを擬似的に体験するために、映画館へ足を運んだり、ドラマを観たり、マンガを読んだり、ディズニーランドへ行ったり、ファイナル・ファンタジーのようなロール・プレイング・ゲームに興じたりする。

たとえ一時でも、たとえささやかでもいいのです。人は**人生に冒険がないと生きていけない**存在なのです。

冒険には明確な目標があります。その目標を達成した時の、人々の賞賛と尊敬があります。冒険には変化のある毎日があります。冒険には段々とヒーローへと成長する、成長の醍醐味があります。冒険には命をかけるギリギリのところで、信じ合い、助け合う仲間がいます。冒険には愛とロマンがあります。

そして新しい冒険を知り、それを生きる時、人は心からワクワクし、充実した毎日を送れるのです。

もう一度、先のマイケル・ミラーの言葉をここで引用します。

「人々がそこに出かけるのは、事件や冒険に加わるということになる。つまり、これこれしたとしても、それは楽しみのためであり、生活に別の次元を加えてくれる経験に参加するための品物を買いにいくのではなく、ただ単にそこを訪れるためであり、たまたま買い物をしたとしても、それは楽しみのためであり、生活に別の次元を加えてくれる経験に参加するためということになる」


お客が何が知りたいのか、見えましたか？

その心の声が聞こえましたか？

彼らの気持ちを感じましたか？

目に見える行動として、お客がお店に行くとしても、何か商品を買うとしても、真にお客が欲しいものは「事件や冒険に加わること」であり、「楽しみ」であり、「生活に別の次元を加えてくれる経験に参加する」ことです。

お客は商品が欲しいのではない。ワクワクする毎日が欲しいのです。

そして、それこそがお客の最大最強の動機付けなのです。

これで「商品大魔獣」の正体も暴くことができました。


封印！

さあ、これで四頭の魔獣の魔力はすべて封じられました。

あなたには今、何が見えていますか？

お客が〝ワクワク〟を求めて町を歩いている姿が見えてきましたか？

お客の「なんか最近ぱっとしないね」という言葉の奥にあるものが聞こえてきましたか？

お客の何かモヤモヤっとした気持ちが感じられてきましたか？

あるいは、今まで自分には見えていたけれど、今ひとつ確信の持てなかったものが、確信に変わってきましたか？

あなたは解き放たれたということです。

そしてそこには、あなたにかけられた魔力を解くだけでなく、〝失われたもの〟を手に入れるカギがあるんです。

さあ、あなたの行く手を阻むものはもうありません。

いよいよここからが、あなたが〝失われたもの〟を取り戻す、本当の旅になります。

第2章

圧倒的ビジネス哲学
あなたは
お客の師《マスター》だ！

商売を邪魔する四頭の魔獣は
すでにここに封印されました。
そしていよいよ〝失われたもの〟が眠る
かの地へ向かいます。
ここであなたは出合うことになります。
〝売ること〟の本質が見えるビジネス哲学に。
そのときあなたは自分の内に眠る
大いなる力を思い出すことでしょう。

◎『スター・ウォーズ』に学べ

『スター・ウォーズ』という、映画史に燦然と輝く名画があります。世界的に大ヒットし、現在も全世界に熱狂的なファンの多い映画ですからご覧になった方も多いと思います。

二〇世紀に公開された『スター・ウォーズ』三部作の主人公ルーク・スカイウォーカーは、最初砂漠の星に住んでいます。彼は日々、何か物足りない、モヤモヤっとした毎日から抜け出すことばかり考えています。そこにオビ＝ワン・ケノービ（彼は宇宙の平和を守るジェダイの騎士の一員ですが）が現れて、彼を冒険の世界へいざないます。その冒険とは、宇宙を我が物にせんとする帝国の野望を打ち砕くこと、そしてルーク自身がジェダイの騎士になるということです。さまざまな苦難を経て、最後にルークは見事帝国を打ち破り、ジェダイの騎士となって帰還するわけですが、それまでのさまざまな艱難辛苦の旅の道中、ルークは常にオビ＝ワンそしてオビ＝ワンの師ヨーダらに教え、導かれて、ジェダイの騎士への道を歩んでいきます。

この物語で重要なものは「師」の存在です。

人が冒険を生き、自分を成長させていく時、それはとても必要な存在なんですね。

なぜなら未熟な側は、まだ答えを知らないからですね。目標に至る道筋がわからない、やり方を知らない、手段がわからないからですね。

『スター・ウォーズ』でも、未熟なルークは何度も師の教えに背き、危機に逢い、そのつど師の教えの大切さを知ります。もし彼にオビ＝ワン、ヨーダという師がいなければ、ジェダイの騎士になることは到底難しいでしょう。

そのために「師」という存在がある。彼らが教え、導いてあげなければ、弟子はたどりつくべきところへたどりつけないわけですね。

ところで、なぜいきなりルークとオビ＝ワンの話をするのか。

実はこの話が、この第二章でとても大きな意味を持ちます。

◎新たな世界を教えてくれた人

わたし最近、あるめがね屋さんでめがねを買いました。

わたしとっては、それは貴重な体験でした。

その店、実はめがねを買う気で入ったんじゃないんです。出先で仕事中にめがねが壊れてしまい、修理のためにあわてて駆け込んだんです。

「すいません。おたくで買った商品じゃないんですけど、今修理していただけますでしょうか」とお願いしたところ、「いいですよ」と快く引き受けてくれました。

見るととてもおしゃれなめがね屋さんだったのですが、おしゃれすぎて、普段わたしがかけているようなオーソドックスなタイプのめがねはあまりなかった。

ふと気がつくと若い女性の店員さんが「じーっ」とこちらを見ている。しかも例のカモシカにヒョウのまなざしではなくて、もっと何かこう、目がワクワクしているんですね。

そしてやおら近づいてきて、

「お客さん。すいませんけど、このめがねかけていただけません?」

とめがねを差し出す。

わたしは奇妙な申し出に一瞬たじろいだんですが、別に売り込みっぽくないし、まあいいかと思って、彼女の言う通りにしました。

見ると彼女が差し出しためがねは、四角い、かなり変わったデザインのメタルフレーム。

わたし、生まれてこの方丸いメタルフレームか、もしくは学生時代のもっとオーソドックスなヤツしかかけたことがないもんだから、自分には絶対に合わないと思ったし、自分からは絶対選ばない。ところが彼女は言うんです。

「このめがね、似合うタイプの顔の方がめったにいらっしゃらないんです。でもお客さんは似合うと思う。お客さんのような方を待ってたんです」

「？？？」

でもまあかけてみるかってことで、かけてみたんですよ。

で、自分自身鏡を見た途端に、つぶやいてました。

「えーやん」。

いや、本当にそう思ったんです。だからある意味びっくりしました。

そうしているうちに、修理していただいていためがねができてきたので、そちらにかけ直してみると……**「変やん」**。

その後の顛末は、もうおわかりですね。

わたしは値段も見ずに、その変わったデザインのめがねを、その場で買ってしまいました。

わたしは、その若い店員さんに「めくるめくワクワクの世界」を教えてもらったわけです。なぜなら、そのフレームは、自分だったら似合わないと思い込んで絶対に選ばないものだったからです。それをこの店員さんが、新しい世界を切り開いてくれたのです。

おかげでわたしの「めがねライフ」は大きく広がりました。そしてそれによって、新しい〝ワクワク〟を、自分の人生に加えることができたわけです。

わたしはこのとき本当に、めがねを買おうとはまったく考えていなかった。でも出合ってしまった。わたしの人生に〝ワクワク〟を加えてくれるものに。そしてそれを教えてくれたのは、絶対にわたしだったら選ばないフレームを「似合う」と見抜いた、その店員さんです。

ここです。これが重要な商売の原点です。

これが「商品」を売るということ。

重要なことは、**「売る」ということは、「教える」こと**だということです。

売るということは、お客に答えを教えてあげるということです。

何の答えか。毎日ワクワクした気持ちで過ごすためには、そして今までの自分に新しい

〝ワクワク〟を加えるためには、何が必要か、どうしたらいいのか、という問いに対する答えです。

自分が探し求めていた答えを教えてもらったからこそ、お客はあなたに感謝するのです。そしてお客から「おひねり」が飛んでくるわけです。これは、あなたに答えを教えてもらった対価です。商売のルールで、「ありがとう」と感じたら、お金を払うのです。それが「売る」という活動になるわけです。「売れる」という結果が伴ってくる。

そしてお客から見れば、あなたの「教え」こそが動機付けになる。

そう、**お客に動機付けするのは、あなた……すなわち「教える人」**なのです。

◎お客には答えがわからない

「売る」ということはすなわち、教えるということです。

お客が何を常に求めているか、何を求めてさまよっているかというと、毎日をワクワク過ごすための手段です。そして、**それを教えてくれる人**です。

誰かに「教えて」欲しいんです。

「お客の『ニーズ』に対応しない」という意味は、そこにあるんです。

お客だって、答えがわからない。

お客が「それはこれこれこういうデザインのめがねを買うことだ」というように、答えをわかっていれば問題はない（もちろんわかっている客もいます。たまに）。

しかし問題は、**答えがわかっている人がほとんどいない、**ということです。

答えを自分から積極的に探し、これが答えか？　とトライし、そうでなくてもまた懸命に探す、そういう人もほとんどいません。

お店の場合、わかっている客、例えば「私が毎日をワクワク過ごすためには釣りが不可欠だ！」とか、「さらに充足した気持ちを得るためにはどうしてもあの釣り竿が必要だ！」「そのためにはあの車も必要だ！」「そのためにはその助手席に座る女の子も必要だ！」とか、わかっているお客は、釣り道具店に行くだろうし、カーディーラーにも行くだろうし、目当ての女の子を口説きに、例えばキャバクラにも通うだろう。

でも店の方はそんな「わかっているお客」だけをじーっと待っているもんだから、いつまでたっても客が来ないわけです。「わかっていないお客」がほとんどなんだから！だってわたしは、釣りの楽しさを**誰にも教えてもらったことがない！**

最近ある方からこういう話を聞きました。

「最近釣りにはまっています」という話だったんですが、その人はそれまで、釣りには全然興味がなかったんという。ところが弟が大の釣り好きで、いつも兄貴を釣りに誘うんだけど、兄貴はのらない。そこで弟は企んで、「ちょっと折り入って相談したいことがある」とかなんとか言って、兄貴を海に誘い出した。で、兄貴の方は無理やり釣りをさせられたんだけど、これがはまってしまって、今や大の釣りフリーク。

こういうことはよくありますよね。

この場合、弟は兄貴に、兄貴がまだ知らなかっためくるめくワクワクの世界、「生活に別の次元を加えてくれる経験」を**教えてあげた**わけです。

それによって兄貴はどうなったか。ハッピーにもなったでしょう。また、釣り業界から見れば**顧客が一人増えた**のです。しかし、弟が兄貴に教えてあげなければ、兄貴は永遠に「釣りのワクワク」は知らなかった。別のワクワクと出合ったかもしれませんが、釣りとの出合いはなかったかもしれない。しかもこの兄貴、すでにかなりの金額を釣りに消費しています。その**消費を生み出すこともできなかった**わけです。

感じてもらえましたか？　こういう生み出された消費のことを、巷では市場＝マーケットと呼んでいるわけです。

もう一度繰り返しますが、この場合、「兄貴は釣りに関心がなかった」というところが重要です。たとえ関心がなくても、その世界の〝ワクワク〟を教えてあげれば、はまるわけです。売れるわけです。顧客になるわけです。それがいかに人生の「冒険」か、それを通じていかに「生活に別の次元を加えてくれる経験」ができるかを、教えてあげればいいわけです。

逆に、やっても意味のないことは、この兄貴に〝ワクワク〟を教える前に、いきなり「釣り道具買いませんか？　今、お値打ちになってますが」と言うことなんです。だって、それは全然意味がない。なぜなら動機付けのプロセスがすっとばされているわけですから。

◎教えたい、伝えたい、広めたい！

「売る」という行為は、すなわち、「教える」あるいは「伝える」「広める」ということです。

ものを売るときには、「教える」という思考で物事を見、考える必要があります。

「売る＝教える」という視点から見れば、あなたが誰かに教えたいこと、伝えたいこと、広めたいこと、以外は売りものではないわけです。

しかし今、多くの企業は、そうじゃないですよね。

前述のボン・マルシェとの対比で現在のデパートを例に取ると（わたしはデパート嫌いでデパートのことを悪く言うわけじゃないんですが）わたしが店に入った途端にぱーっと近寄ってくる人たちが、売ろうとしているスーツやネクタイについて、教えたい、伝えたい、広めたいと思っているか？　教えたいこと、伝えたいこと、広めたいこと、を持ってるか？　それは彼らにはないかもしれない。商品を「売る」ことを、ただ単に作業だと考えているだけかもしれない。

それでは**お客の感情を動かすことはできません。**

ボン・マルシェのことを考えてみると、いかにブシコーがフランスの中流階級の人たちにブルジョアの世界を教え、それで彼らの毎日をよりワクワクするものにさせようという情熱を持っていたかがわかります。**教えたいこと、伝えたいこと、広めたいことが明快にある**んです。

例えばあなたがキムチ製造業なら、自分のキムチに自信があるでしょう? 自分のキムチが量販店の棚に並んでいないと、「ああ、この店でキムチを買う人たちは不幸だなあ。もっとおいしいうちのキムチを知らないんだもんなあ」となるでしょう?

例えばあなたが美容師さんなら、街を歩いていてふとすれ違った女性を見て、「ああこの人、もうちょっと髪型をこうしたらいいのにな」とか「素材はいいのに髪型がな」とか、もったいないと思っちゃうでしょう?

例えばあなたが酒屋さんなら、安売り店で発泡酒だけを買って帰る人たちに思いをはせて、「うちの店の客になれば、本物の日本酒や、その本当の味わい方を教えてあげられるのになあ」とか思うでしょう?

この気持ちが大事なんです。街を歩いていてふとすれ違った人に「人生つまんなそうにしてるけど、ウチの商品を買ったら人生楽しくなるのに」とか思うことが……。

自分のやっていることに自信と自負があるのであれば、教えたいじゃないですか、伝えたいじゃないですか、広めたいじゃないですか!

以前、オリンピックで金メダルを獲った、世界的に著名な柔道選手とお話しする機会がありました。そのとき彼が語ってくれたことで非常に心に残っていることがあります。

彼は「わたしはこれから、世界に『柔道』を広めていくことに、人生を捧げようと思っています」とおっしゃいました。

「柔道はもう世界中に広がっているじゃないですか」とわたしが言うと、

「いや、その多くは『柔術』で、『柔道』はまだまだです」と言う。

ようするに「技」が広まっているだけで、「柔道」というのは「道」なんだ、ということ。「技」を広めるだけでは足りない。もっともっと「柔道」の背景にある哲学とか、考え方とか、精神的なものだとかを全部含めて、きちんと広めていかなければならない。ところが「技」だけが一人歩きして広がってしまった、ということでしょう。

彼は伝えていきたいわけです、「柔道」という「道」を。わかりやすい、見えやすい、取り組みやすい「技」の方から具体的に、実践的に学びながら、自然と「道」を学んでいく――それが本当の「柔道」なんだと。

そう、これは**すべての商売に通ずる精神**です。

キムチを売り、食べていただくことを通じて、自分の教えたいこと、伝えたいこと、広めたいことを教え、伝え、広める。美容サービスを通じて、自分の教えたいこと、伝えたいこと、広めたいことを教え、伝え、広める。酒を通じて、自分の教えたいこと、伝えたいこと、広めたいことを教え、伝え、広める。

つまり、**真の商売人というのは、伝道師なのです。**

「伝道」というのは文字通り、「道を伝える」ことです。

そして「師」。武道、芸道における師とは、それが柔道であれ、空手であれ、お花であれ、お茶であれ、師匠は弟子に「教え」を広めていきますよね。そうして師匠は弟子を導きいていきます。

同じように、真の商売人は、お客に自分の教えたいこと、伝えたいこと、広めたいことを教え、伝え、広める人です。それを通じて「道」を伝える人です。

では、お客はあなたからの「伝道」によって何を得るのか。

それは「ワクワクする毎日」です。

お客が毎日をワクワク過ごすために、何によって、どうすればそれが手に入るのか、それを教える。そして、それによってお客をワクワクさせ、その等価交換としての対価＝おひねりをいただく、それがビジネスの根幹です。

それをわたしはこう呼んでいます。**「ワクワク系マスタービジネス」**と。

ワクワク系ビジネスを実践する商売人は、マスター（師）です。お客は、何か心の中がモヤモヤしているだけ。このモヤモヤが、何かによって満たされるというのはわかっているけど、それが何かはよくわからない。

それは何か。競走馬かもしれない。釣りかもしれない。それが心の支えになって、自分の生き方が大きく変わるかもしれない。

「道」というのは、人生の生き方とかだけに限ったことではありません。

例えばあなたが浄水機のメーカーなら、「うちの浄水機をご家庭に付けた途端に人生幸せになれるのに」という信念があるわけでしょう？　それは「浄水機道」とでも言いましょうか……。

例えばあなたが冠婚業なら、あなたのところが、新郎新婦の晴れの門出を、ばつぐんにドラマティックに演出してあげられる自負があるわけでしょう？　あなたの自負する「結婚式道」があるわけでしょう？

例えばあなたが治療家なら、自分が学び、磨き抜いている治療技術で多くの人の悩みを救ってあげられる自信があるわけでしょう？　あなたが正しいと信じる「健康道」があるわけでしょう？

であれば、それを**できる限り多くの人に教えてあげなければいけない**のです、**あなたが。**

◎「お客様は神様」ではあり得ない

「教えてあげる」という行為が、「売る」という行為です。

商売人というのは、「道」を誰かに教えるマスターです。この基本的な考えをまず持っていただきたいと思います。

商売の本質は、マスターが教えるべきことを教えること。それが酒であれ、ふとんであれ。いってみれば本来、**商売とはすべてマスタービジネス**なんです。

先ほどの、「ベビーふとん一種類」のワクワク系ふとん屋さんの場合は「ふとん」ですね。彼は「眠りのマスター」なんです。

でも「私はマスターだ」と言って、ふとんも何もかなぐり捨てて、何も置いてない広間でお香かなんか焚いて、一人座禅を組んでいるわけじゃないですよ。で、来たお客さんに「ここはお店なんですか」とか訊かれて、「まあ座りなさい」なんて。それはちょっと怖い。

もっとエレガントにやらないと。

やっぱり「眠りのマスター」だけに、ふとんを通じて語らないといけない。自分がいま何を通じて、何をお客に教えてあげられるか。ここが大事です。

ところで「ワクワク系マスタービジネス」という、普段聞き慣れない言葉を聞くと、今の自分の商売のやり方を一八〇度変えてのぞまなければならないと感じる方もいるかもしれませんが、それは大きな誤解です。

ワクワク系は「まったく新しいビジネスをやる」ということではありません。新規ビジネスではないのです。いまやっているビジネスを軸にして、変態するということです。

そういう意味で、ワクワク系に転換した姿は、芋虫と蝶々を比べるとまったく異なったものに見えるように、異なったものに見えるかもしれないけれども、先のふとん屋さんも、従来のふとん屋のままワクワク系になったんです。

それはどういうことか。ふとんという商品を売って売り上げを稼ぐ単純な行為から、そういう行為を通じて何かお客の人生がもっとワクワクすること、そのやり方を教えてあげる……そういうビジネスの基本的なスタンスに立ち直したわけです。

それがワクワク系の本質的なところです。

ワクワク系における「売る」という行為は、「教える」という行為。そしてみなさんの役割は、マスター。

マスターだから威厳があるわけです。別に威張らなくていいんですけど（本当の師というのは威張っていませんから）。

威張っていないけれど、あくまで、教えるのはみなさんの方なんです。

「お客様は神様です」などという言葉がありますが、そんなわけがないんです。

お客様は弟子です。 みなさんは師匠です。

「お客のニーズに対応しようとするのが本来の目的ではない」ということが、ここに集約されていますよね。

何かの「道」の師匠が、弟子の要望を聞いて「教え」を作るか？

あり得ません。

そもそもそんなこと弟子が望んでいるか？

弟子は、自分たちの思いつくことのなかった「教え」をこそ、期待しているのです。

でも、弟子の言葉には謙虚に耳を傾けなければいけません。傾けなければいけないけど、教えるのはあなたです。弟子の意見を聞いて「教え」が作られるわけではない。「教え」そのものが売れているわけだから、「お客のニーズに対応する」ということは、商売の本質とはまったくかけ離れているわけです。

「お客様は神様です」？

そんなわけはない。**お客様は神様ではなく、弟子です。**

◎あなたはお客に何を問われているか

あなたが本当にお客から問われているのは、**「あなたは何のマスター（師）ですか？」**ということです。これは非常に重要な問いです。

「あなたは何のマスターですか」

「あなたはわたしに、どういうことを通じて、『毎日をワクワク過ごすための方法』を教えてくれますか？」

と、あなたはすでにお客に問われているのです。

それに対する答＝「毎日をワクワク過ごす方法」は、例えばあなたが工務店なら「うちでこんな家を建てることですよ」となるわけです。パソコン塾を経営しているなら「うちのパソコンスクールに通うことですよ」となるわけですね。花屋さんなら「うちでこういう花を買って、家をこんなふうに花で飾りましょう」とか、なるわけですね。

そのように、お客の問いに対する答えは人によって違う。あなたと誰かは違うわけです。

あなたの持っている、お客の「毎日ワクワクしたい」を満たすものは、それぞれ**あなたの個性**として発揮されるわけです。

わたしが会う人に対していつもとても不思議に思うのは、「どうしてあなたはこの仕事を選んでるの?」ということです。とてもおもしろいですよね。

「どうしてわたし、いまこんなことやってるんだろう」「どうしてこの製品を製造して売ろうと思ったのかな」「どうして美容院やろうと思ったんだろう」「どうしてめがねを、今売ってるんだろう」……。

人間の仕事の選び方って、すごく不思議なものがあります。

そしてそれは、それぞれの個性だと思います。

お客から見れば、「わたしが知っているこういう方法があります。こういう方法であなたがワクワクする毎日を過ごすことができますよ」ということを、ある人はめがねを通じて表現したり、先のふとん屋さんなら「眠る」ということを軸にしたり。

それらが人それぞれのワクワク系のそれぞれの個性になっていく、それはあなたの個性に基づく「教え」です。

そういう意味では**あなた自身も「商品」**なんですね。

◎わたしが死にかけたとき

ところであなたは、「わたしがマスターなんて、大それたものでは……」そう思われるかもしれないけれど、それはあなた自身を過小評価し過ぎています。

あなたはすでにマスターです。

本当は気がついていないだけです。

何かのマスターなんです。

あなたは、何かを通じて、誰かに何かを教えることを目的として生まれてきています。

ちょっと私事ですが、わたしであれば、本を書くとか、講演をするという活動を通じて、あなたに今お話ししているようなこと、「お客も自分も人生がワクワクするビジネスのやり方」を教えるということを、目的として生まれてきている。そういう意識があります。

だからこの瞬間、非常に充実しています。

わたしは、「あと六ヶ月の命だ」と言われていたら、今日何をやっているか……やっぱりまた本を書いています。


わたしはかつて人生で一度、死を覚悟したことがあります。

病気とかそんなのじゃあなくて、ストーブの不完全燃焼による一酸化炭素中毒ですが、不思議なことに、人間は自分が「死ぬ」ということがわかるんですね。

ある日、明け方に非常に気分が悪くなって目が覚めたんです。最初のうちは二日酔いのひどいような感じで「気分が悪い」というだけでしたから、しばらくベッドの上でのたうっていたわけですが、だんだん様子がおかしくなってくる。だんだん周りのものに焦点が合わなくなってくるんです。

「こりゃまずい」

直感的にそう思い、当時独身時代で実家に住んでいましたので、おふくろを助けに呼ぼうとしましたが、声が出ないんですね。もうこの時点では、かなりやられているわけです。しかも体を起こすこともできない。体にまったく力が入らないんです。

「！」という感じでしたね。

そのときでした。「もうこのまま焦点が合わなかったら、死ぬ」と確信できたんです。

そのままベッドに横になって、もう一度周りにあるさまざまなものに焦点を合わそうと試みるわけですが、合わない。まわりの音は聞こえますが、もう体を起こすことも、声を出すこともできない。

観念しましたね。

不思議と「死ぬ」ことに対する恐怖感は湧いてきませんでしたが。

幸いなことにおふくろが、その日に限ってわたしの部屋に何かを取りに明け方入ってきて、わたしは後で聞くところによると脳に後遺症が残る五分前で発見され、そのまま病院にかつぎこまれて九死に一生を得ましたが、それからわたしの人生観は変わりました。

――人はいつ突然死ぬかわからない――

そうすると考えないわけにはいかないわけです。

――わたしは何のために生まれてきたのか。何かその理由があるのであれば、それをまっとうしなければならない――。

そこにマスターという考え方がつながっていきます。

「自分にはどんな理由があるのだろう」というより、「自分にすでに理由があるのだとしたら、何をするべきなのか」と考えてみると、けっこういろいろ見えてきます。そう思うと、自分が今までやってきたこと、子供のころから興味があってずっとやってきたこと、なんとなく選んだ進路で学んだこと、そういったもののすべてが、一つの線に徐々に結びついてくるんですね。

実は、何一つ**無駄なものはない。**

もちろんわたしも、当時そこまで見えていたわけではないですよ。

最近になってとみに感じていることではありますが、あなたにもお伝えしたい。

自分が自然と歩いてきた道は、それが順風満帆であれ、いばらの道であれ、そこで得たものが人生訓であれ、専門知識であれ、そのキャリアはあなたのマスター業にすべて活かすことができる。例えばわたしにとっては、この九死に一生を得た体験ですらそうです。

以前NHKの「プロジェクトX」というドキュメンタリー番組で、伏見工業ラグビー部の奇跡の話を取り上げていました。ろくに練習もせず、地区大会で名門花園高校に一一二対○で負けた後、同じメンバーでその花園高校をたった一年後にくだし、優勝を成し遂げた、あの伝説のラグビー部ですが、そのラグビー部に、当時京都一のワルと言われた人が在籍していたんですね。この方は後にラグビー全日本の選手に選ばれることになったほどの方ですが、その方は今教師をなさってます。なんでも恩師に、「お前は荒れているヤツらの気持ちがわかるやろ。そういうヤツが教師をやらんといかん」と勧められたそうです。

彼は今マスターとして、多くの弟子たちに〝ワクワク〟を与えていることでしょう。自分が、自分の人生で得たもののすべてを活かして。

そしてまた、あなたもすでにそうなんです。

◎あなたは今、すでに師《マスター》だ。

これは精神論ではありません。

事実あなたはマスターなんです。

ただ、四頭の魔獣の魔力をかけられたまま「商品を売らなきゃ」「売り上げを上げなきゃ」という呪縛に囚われていると、こういったものは見えてこないんです（まあ、魔獣を封印したあなたにはもう心配のない話ですが)。

しかし、このような見え方ができない人も、実は、何かを通じて、誰かに何かを教えようと思って生まれてきているわけです。

わたしは信念を持って言いますが、人は人の役に立って全体の幸福に貢献したい存在なのです。もうちょっとわかりやすい言葉で言えば、**誰かのために何かしたい存在**なのです。

あなたも実感としてあると思います、人の役に立てたことの喜び。

何かあるでしょう?

誰かのために何かして、それが喜ばれた時の感動——これは自分の利己的な欲求を満たしたときより、確実に大きいのです。人の役に立ったときの喜びって……。

人には「人の役に立ちたい」「人に何かをしてあげたい」という欲求が眠っています。

これが最も人にとって大切な、根源的な力です。

生物というのは、さっき申し上げたように、アリに至るまで相互扶助がある。一人一人が自分のために生きていながら、実はそれが全体の幸福につながるようなあり方というのが、美しいですね。気持ちいいですね。

実は人は、人の役に立って全体の幸福に貢献したい存在であり、しかもみなさんは自分の個性のなかに、すでに、**誰かの何かのマスターになれるものを持っている**わけです。

『マトリックス』というＳＦ映画があります。観ました？

キアヌ・リーブス主演のヒット作。本当はみんな現実の社会に生きてるんじゃなくて、コンピューターに飼われていて、一生眠ったまま夢を見ているだけ、という設定で、キアヌたちはそこから逃れたごくわずかな人間たち。彼らは全人類を解放しようと、コンピューターと戦うというストーリーです。

この映画の中では、我々が現実だと思っているものはすべて〝夢〟をインプットされているものですから、例えばヘリコプターの操縦を夢の世界でする必要があれば、眠っている状態で、直接脳にその操縦法のソフトをインストールすれば、ものの数秒で操縦ができるようになります。

この劇中で、キアヌ扮する主人公とその師が、夢の世界で拳法のトレーニングのための試合をするシーンがあります。

すべて夢の中なのだから、自分が「できる」と決めたことはすべてできるわけです。

壁を走ることも、空中を浮遊しながらの連続キックも、相手の攻撃をすべてよけることも。

しかしキアヌは、師のスピードについていけません。

なんとか対抗しようとしますが、ままならない。

そこで師がこう言うのです。

「速く動こうと思うな。速く動けると知れ」。

この言葉がわたしは大好きです。

この言葉になぞらえて、あなたにもこう言いたい。

「マスターになろうと思うな、マスターであると知れ」

◎脳の回路を切り替えろ

自分の存在が誰かのためになる——とてもいい気分でしょう?

逆に誰からも何も求められない寂しさっていったら、ないでしょう?

想像してみてください。

誰からも求められていない、誰にも自分の存在を要求されていない寂しさ……これはわたしが知るところ、人間が最も耐えられない拷問なんですね。

あなたには、そういった意味で自信を持ってほしい。

今、脳の回路を切り替えて、商品をいかに売るか、売り上げをどう上げるかじゃなくて、人に何を教えられるか、人のどういったモヤモヤに対して、どういった「答え」を与えられるか。そういった思考で考えたとき、自分のなかに眠っているマスターの種に気付きます。

まず決めましょう。ワクワク系マスタービジネスを実践するにあたって、あなた自身がマスターであることを。

「わたしは、○○のマスターである」と。

まずこのことを考えてください。わたしはどんなことを通じて、どんな人たちに、どんな〝ワクワク〟を教えてあげられるのか。

例えば先ほどのふとん屋さんのところに行くと、他の店より高いふとんを売っている。でも買っちゃうんです。他の店で何ヶ月か前にふとんを買った人も、買っちゃうんです。なぜかというと、彼の「教え」を通じて「自分の眠りが間違っていた」と気づくからですよね、お客が。「あなたに教えられるまで知らなかった、わたしの眠り方は間違っていた」

と。

普通、高級なふとんをどうやって売るかって考えて、何をやるかといえば、「二九万八〇〇〇円が、キャンペーン期間中は一九万八〇〇〇円」って書くだけでしょう。「教え」になっていないよね。でも彼のところは「教え」があるから、売れる。

ワクワク系マスタービジネスはお客のニーズに対応するのではなくて、マスターとして、お客という弟子がそうとは気づかなかったことを教える、ということです。「師に言われるまで気付かなかったですよ」ってやつです。師に言われるまで気がつかなかった必要や願望…つまり「これが答えだったんだ！」というものを**教えて、気づかせて、気持ちを満たす。**これがワクワク系マスタービジネスです。

その結果、お客の側に生まれる感情が、感動と感謝です。自分の人生のモヤモヤに対する答えが見つかったときの感動というのは、絶大なものです。

また映画の話になりますが、「どういう要素があれば映画はヒットするのか」を、人間の心理分析的なアプローチで調査分析したというデータがあります。

ヒットする映画には、どんな要素が必要だと思います？

それは、映画を観ることによって、**「気づきが得られる」**ということです。

映画がアクションであれミュージカルであれ、そこに「気づきがある」ということが、自分の人生になにかプラスになる気づきがあるということが、ヒットする映画には非常に大切な要素である、と。

わたしはこの調査結果を見て大変納得しました。あなたはどうですか？　うなずける話だと思いませんか？

◎マスタービジネスのメカニズム

マスタービジネスのメカニズムを表にすると、次ページのようになります。

あなたは、「教える」ことが仕事です（マスターだからね）。

あなたが商品、モノやサービスを通じて、あなたの「教え」を教えるのです。

「教える」と言っても、何もない部屋で二人で向かい合って座って、哲学を語って、相手が「ありがとうございました」って言って終わるわけじゃないんです。

モノやサービスを通じて教えるんですね。

なぜなら**かたちがないとわかりにくい**。その道に入りにくいからです。

ワクワク系マスタービジネスのメカニズム

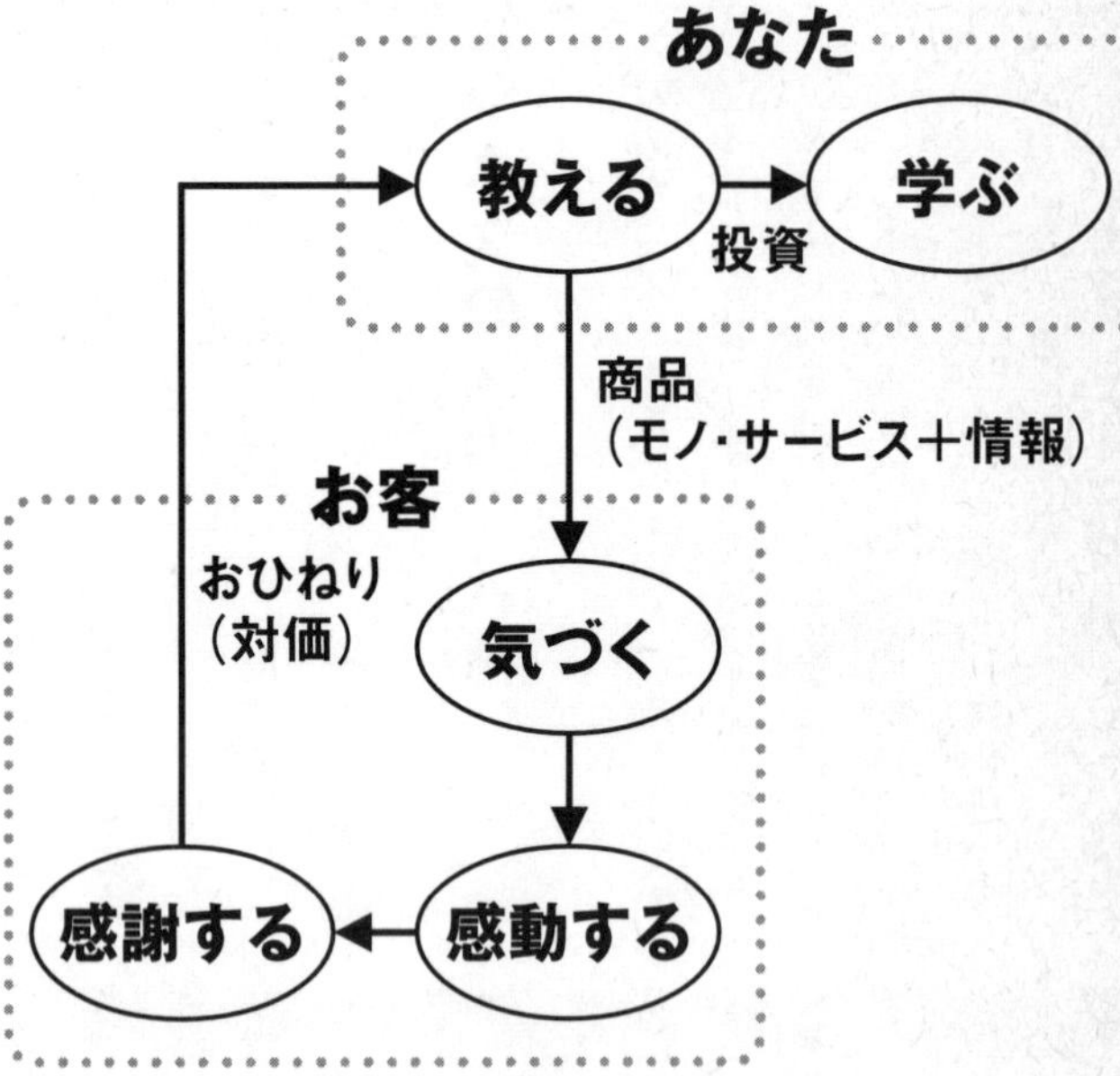

だから一見、ふとんが売れたり、めがねが売れたり、モノやサービスが売れているように見えても、売れているものはモノやサービスではないということのはわかってきてますよね。売れているものは、「教え」ですね。

そこには、お客から見れば、「答え」がなければいけない。それを教えてあげれば、気づきます、お客は。「これだったんだ」「あっそうか」という感情と共に。

東京小平に面白い米屋さんがあります。お父さんと二十代の息子さんとで経営している米屋さんですが、今ここはお客である女子大生や、八二才のおばあちゃんからファンレターの来る米屋なんです。日曜日にはカップルで遊びに来るお客がいる米屋さんです。

この店がどういうことをやってそうなっているかは後で語るとして、今この店ではなんと売価一万円の飾り棚なども売っていて、またそれが着実に売れると言います。

息子さん曰く、「お客がそれを見て『こういうの探していたのよ』と言うんですよ」。

米屋さんで売価一万円の飾り棚を売っている。お客はそれを見て「こういうの探していたのよ」と言って買う。これはマスタービジネスのお客から本当によく聞かれる言葉なんだけど、実は「その商品そのもの」を探していたわけじゃない。だいたい米屋に家具を買いに来るお客はいません。

探していたわけじゃないんだけど、お客にとってはそこに気づきがあるわけですよね。気づきがあった瞬間に「わたしが探していたのはこれだったんだ」と思うわけ。それは本当に探していたのか？　もちろん、飾り棚を米屋さんで買おうと米屋に来たわけじゃない。もっと言えば、その「これだ」と思う飾り棚のイメージが、明確にあったわけでもない。そうじゃなくて、「ワクワクする毎日」を探していたわけ。で、ここで出合ったから、そうだと思うだけ。気づきがあったから。

すると何が起こるか？

お客は、**感動します**。教えてくれたあなたに感謝します。

そして、その対価が支払われる。これは感動と感謝に基づく対価です。

これがワクワク系マスタービジネスのメカニズムです。

このメカニズムをいかにきちんと、正しく、美しく回していくか。きちんと、正しくやっていくか、ということです。

そこで重要になるカギが、**「共感」**です。

「教える」のはあなたであり、あなたの個性に基づくものなんだけど、あなたが教えたものに対して、お客は「自分が探していたのはこれだったんだ」と思うわけですね。

これをつなぐものが、共感です。

例えばわたしには「わたしの人生を楽しませるのはこれだったんだ」というものがあります。それは……馬です。競走馬。わたしは馬に「これだったんだ！」と感じたわけですが、もちろん競走馬に対して何も感じない人もいる。「そんなに楽しいのかな」って。いくら先ほどのふとん屋さんの眠りの話を聞いても、「いや、わたしはそんなことはどうでもいいから、とにかく安いふとんが欲しいんだ」っていう人もいるかもしれない。

共感というのは、みなさんの個性から表現される「教え」と、お客の側の持っている**何かが響き合うもの**ですね。

これが何によって共感して響き合うか、というのは、人それぞれですね。ただ、共鳴していくわけですから、結構たくさんの人と響きます。お客の側に明快な答えがないので、それが「ゴルフだったんですよ」といえば「ゴルフだったんだ」と思うかもしれない。先ほどの「釣りにはめられた兄貴」のようなもんです。

だから、教えるときは強引にやっちゃっていいんです。なぜならば、教えられる側にとっては、あなたに教えられるまでは、その「答え」が明快じゃないからです。曖昧模糊としている。

ところが、場合によってみなさんがきちっとお伝えしても、共感しない人がいます。その場合、その人がいい人か悪い人かという問題じゃないんです。**共感しないんだから、あなたのお客じゃない、**ということです。共感しないんだから、みなさんの教えの弟子にはならないんです。**入門しません。**それはそれでいいんです。

共感するかしないかというのが、非常に重要なカギです。共感がないかぎり、感動もまたあり得ないわけです。

◎キーワードは「共鳴」と「共感」

音叉《おんさ》を思い浮かべてください。こちら側がある種の振動波を持っていて、それと同じ音叉があると、振動するでしょ。「共鳴」と言いますよね。ここで言う「共感」も、そんな感じです。

ただ音叉の場合、現実に振動する、しないの差が大きいですが、人の場合、あなたがある個性を持っていたとしたら、あなたの個性とぴったり重なっている人でないと共鳴しないか、といったら、そうじゃない。人の場合、ちょっとでもその人の個性と重なる部分があれば、共鳴します。

ワクワク系のお店を見ていると、よくわかりますね。

たとえば一見奇妙奇天烈なものばかり売っているお店があります。南米雑貨の店とかで、南米製のタペストリーやアクセサリー、家具なんかを売っている。そういう趣味の人がどれだけいるか。いるかもしれないけど、わたしは全然違う、というようなお店がありますが、わたし自身そういうお店でも、なかにときどきウワッと思う商品がある。「こういうの探してたんだよ」と、思わず言っちゃう、わたしも。でも、そのお店の個性との重なり具合でいったら、これを円と円と表せば、その店の個性の円とわたしの個性の円は、ごく一部が重なっているくらい。

それでも十分に共鳴を起こすことができますね。

先ほどからご登場いただいているワクワク系ふとん屋は、市の中心街からはかなりはずれた、しかも周りに他の店の見当たらない、田んぼの中にあります。そんな中で彼が教えている「毎日をワクワク過ごす方法」は、決して流行を追いかけたものだったり、すでにポピュラーなものではなくて、どちらかというと、こだわったものなんですね（例のベビーふとんもドイツ製だし)。ともすれば、「こんな片田舎でこんな生活している人いるの?」って思われがちですが、これがそうじゃない。たしかに今そんな生活をしている人は少ないかもしれないけれども、彼の店を訪れたお客の多くが、彼の個性と共鳴する部分をほんの少しでも持っているのです。そういう人たちが彼の「教え」に共感し、彼の伝える「毎日をワクワク過ごす方法」をどんどん取り入れ始めるわけです。

「釣りにはまった兄貴」にも同じことが言えます。

彼はもともと釣りなどに興味はなかった。だから弟の誘いを断り続けていた。けれども釣りを愛してやまない弟から半ば強制的な伝道を受けた結果、はまってしまったわけです。断り続けてはいたものの、共鳴する部分を持っていたのでしょう。

わたしの会でフォーミュラーニッポンのレースを観に行ったときのことです。

参加者のほとんどはカーレースに興味はなかった。「車なんて動けばいい」と思っていた人も少なからずいました。「一日レース観戦なんて、耐えられるかどうか心配なんです」という人もいたぐらいです。

しかし体験してみると皆大興奮、大満足。帰るときには口々にこう言っていました。

「いやあ、こりゃすごい。やみつきになるね。来年絶対また来よう」

ここには共鳴が起きているわけです。共感を生んだわけです、その面白さ、楽しさが。

共鳴、共感というのはそういうことです。

人はもともと好きだったものにだけ共感するわけじゃない。

また、あなたとかぎりなく人間性や個性が近い人だけが共感するわけじゃない。

少しでもあなたと同じ「ワクワクの種」を持っている人は、必ず共感します。

ただあなたがきちっと「教える」ということをしないかぎり、マスタービジネスのやり方をきちっとふまないかぎり、共感を起こすことはできない（この『共感の起こし方』についてはは後で説明しますが）。


では、共感の源とはなにか（これはみなさん、心してください）。

まずあなた自身がそれを教え、広めることにワクワクしていなければ、共感を得ることは難しいです。そりゃそうだよね、自分が共感していないんだもの。自分が共感していない商品やサービス、教えを広めることは、**できません。**

もはやテクニックだけで通用する時代ではありません。

自分の内にあるものを大切にして、自分を表現していこう、ということです。

◎商売もブルース・リーも哲学だ

ブルース・リーという映画俳優をご存知です? 格闘アクションで一世を風靡した大スターで、若くしてこの世を去りましたが、今でもファンを増やし続ける、二〇世紀を代表するスーパースターの一人です。

わたしは昔から彼の大ファンで、特に『燃えよドラゴン』という作品が好きなんですが、この映画の特別版のビデオ・DVDには、アカデミー賞を受賞したブルース・リーのドキュメント映画(主にインタビューフィルム)が収められています。

彼はその中でこう語っているんですね。

「わたしにとって、マーシャルアーツ(格闘技)とは自己表現手段だ」

「格闘技の形で自分を表現する芸術、私はそれを弟子たちに教えているんだ」

彼は、こういう感覚を非常に大切にしていました。

そう。マーシャルアーツ同様、**「仕事」も最も創造的な自己表現手段**なのです。

さて、その彼の代表作『燃えよドラゴン』という映画は、非常に学びがあります。特にわたしが非常に好きなシーンに、ブルース・リーが幼い弟子に蹴りを教えるシーンがあるんです。

道ですれ違った弟子が師匠であるブルース・リーに挨拶をすると、いきなりブルース・リーが彼に言うんです。「蹴ってみろ」と。

で、弟子が蹴るわけ。

蹴りの型としては合っている。ところが、ブルース・リーは「それはなんだ？　見世物か？　気合いを入れろ」と言うんです。

日本語字幕では「気合を入れろ」なんですが、ここは、英語の原文の方が、この言葉の真の意味を含んでいて、英語ではここで〝We need emotional content.〟って言ってるんですね。つまり「感情を込めろ」と。

そして弟子はもう一度蹴ります。しかしリーは納得しない。

彼はこう言います。

「私は『感情』を込めろと言ったんだ。『怒り』じゃない！」(I said emotional content. Not anger!)

そしてこう続けます。

「もう一度やってみろ！意味をこめて」(Now try again! with meaning.)

そして弟子は三度蹴ります。

今度は、リーは満足そうな笑みを浮かべます。

そして、「そうだ！それでいい。何を感じた？」と弟子に尋ねます。

それに対して弟子は、「えーと、私が考えたのは……」(Let me think……) と言いかけるんですが、その途端にリーに頭を叩かれます。そしてリーが言います。

「考えるんじゃない！　感じるんだ！」(Don,t think! Feel!)

そしてこう続けます。

「月を指差し、月を眺めるようなものだ。指先に精神を集中するな。さもなくば栄光は得られん」(It is like a finger pointing away to the moon. Don't concentrate on the finger or you will miss all that heavenly glory.)

このやりとり、**深いです。哲学です。**

「蹴り」というのは、外から見ればひとつの「型」。でも、本当の蹴りというのは、ただ単に型の通り蹴ればいいというものではない。もちろん、「怒りを込める」ということでもない。自己表現でなければならないのです。

非常に東洋哲学的な思想ですが、リーは、考えて、上手に型を作って「蹴る」のではない（それは彼に言わせれば「見世物」です）、無心に「蹴る」のだ、そうして自分が自然に表現されることで、真の「蹴り」になるのだと言いたいのでしょう。

そして彼はわたしたちに教えるのです。そのためには「考える」より「感じる」ことが大切なのだと……。

これは人生哲学ですね。

これはわたしたちすべての営みに通ずる。

――自分が感じるものを自己表現すること。

わたしたちの商売という営みも、すべて自己表現であることが大切なわけです。

あなたの活動も、あなた自身が表現されたものでなければ、お客をワクワクさせ、共感を得ることはできません。逆にあなたが、仕事を通じて自分自身を表現しているのなら、広めていくことは簡単です。今現在、そうであるにもかかわらず広まっていないのなら、それは、「商売」としてあなたの「教え」を広め、「商売」として成り立たせていくためのやり方（それはこの本でこれから語られるわけですが）が、少し足りていないだけのことで、それほど深刻なことではありません。

◎『お客第一主義』の勘違い

さて、マスタービジネスについて、もう少し知っておいていただきたいことを、お話ししましょう。

マスタービジネスは『お客第一主義』です。

しかしこの『お客第一主義』って、誤解している人が多いんです。

これと何が混同されるかというと、ひとつは『自己中心主義』。これと『お客第一主義』とは全く反対のものですね。

もうひとつは『お客主導型』。これもまた、『お客第一主義』とは全く対極にあります。

自分がマスターとなって弟子であるお客に物事を教えていく――こう言うとまったく自己中心的に、いわゆる「自分の世界」を創って、それをお客に押し付けようとするケースが出てきます。「自分のこの世界がわからんヤツは、客じゃない」という感覚です。

私のところによくこういう質問が来ます。「自分勝手に自分の世界を創ってしまって、それを伝えていことがワクワク系になるのか」。

これは一見ワクワク系マスタービジネスのスタンスのように聞こえるけれども、根本的に違うのは、この場合は「お客をワクワクさせること」を第一優先に考えていないということですね。

重要なところを間違えている。

ワクワク系では、自分がワクワクする世界を、手前勝手に教えるのではないんです。**お客がワクワクする世界を考え、教える**んです。

おわかりいただけますか？

「自分だけがワクワクする」ということではないんですね。

教え、伝える側のワクワクとは、**お客がそれに共感し、広まっていく事**をワクワクしている訳です。自分はお客に対してそれを教え、広めて、お客がそのワクワクする世界を手に入れ、喜ぶことが楽しいんです。

だからこそ、それはお客の事を考えている。『お客第一主義』です。お客をワクワクさせることだけを一途に考える、『お客第一主義』ですね。

例えばこれが店であれば、自分勝手に自分の気に入ったものだけを並べる店ではだめ、ということです。もちろん、ある部分では、お客のことを考えていない「自分の世界」の店とは一見似通ったところはありますよ。そういう店も、ワクワク系の店も、やっている側は信念を持っているものですから、当然似た部分もあります。似たところはあるけども、自分が好きなものを並べて、自分の世界を創ってしまえば、それでワクワク系になるのかと言うと、それでは足りません。大事なことが足りない。それはお客がいかにワクワクするかを考えているか、そうでないかということです。

そういう意味で、ワクワク系マスタービジネスの実践者は、マスターであると同時に**「芸人」**なんですね。自分の「芸」でお客をいかに満足させることができるか——これが勝負そして**生きがいです。**

『お客第一主義』に徹するには「マイナー精神」を大切にするといい。これは、あの「ミスター競馬」こと故野平祐二調教師の教えです。野平先生とは、騎手時代、調教師時代を通じて競馬界に輝かしい成績を残された方で、あのシンボリルドルフの調教師と言えばピンとくる方もいらっしゃるかもしれません。

その野平先生が生前こういうことをおっしゃってました。

「今は競馬がいい時代になったけど、マイナー精神を忘れてはいけない。マイナー精神とは、ファンのために尽くすんだという精神。今の日本の騎手はそれを忘れているように思える。どうやったらお客さんに喜んでもらえるかをもっと考えなくてはいけない」

あなたの個性、その自己表現が大事だけれども、でも同時に大事なことというのは、お客はどう感じるだろうか、お客は楽しいだろうか、お客はなぜ楽しいんだろうっていうね、そのお客の気持ちっていうものを一途に考えて欲しいわけですね。

◎ワクワク系は『お客主導型』ではない

また、『お客主導型』と『お客第一主義』とをごっちゃにする人、多いですねぇ。お客を楽しませる、そうすると『お客主導型』ってことですね。そう、お客様は神様です。ね。

お客主導？　**違う違う！**

ワクワク系では、お客が気づいていない必要や願望を満たす訳ですから、『お客主導型』ではありません。

お客は、そもそも主導できないのです。なぜならお客は、自分の得たい「答え」に「気づいていない」のですから。それを教えるのはあなたなので。お客は弟子ですから。お客は教えを受ける側なんで、そもそもお客は主導しません。

例えば、演劇の舞台を想像してみてください。

お客が主導するということは、お客がストーリーの展開、次のセリフ、演出までいちいち考えて、指示をしながらその劇を観ているようなものです。

それであなた、感動します?

ワクワク系が『お客主導型』でない明らかな理由がここにあります。

ただ「お客の意見や要望」は、無視しません。

ここ、大事ですね。

謙虚に耳を傾ける。

なぜならそれは「芸のこやし」だからです。自分がお客に見せられる芸のこやし、ね。

このことは、古くから芸道について書かれた書物には書いてあります。いわゆる、「目利き客」ってやつね。目利き客。口やかましいけどもいい客。口やかましい客は、大事にしないと。なぜならば、それは芸のこやしだから。芸のこやし。そういうお客の声には耳を傾けて、芸のこやしにしましょうね。

また、『お客主導型』でないことに不安を感じる方がときどきいらっしゃいます。そのこころは、「ひとりよがりになっているんじゃないか」と考えてしまうから。

ひとりよがりになってしまうことに不安があるならば、**「一〇〇％満足保証」をすればいい**のです。

あの黄色い財布もやってたでしょ！

先ほどのワクワク系のふとん屋さんなんかスゴイですよ。なんと「一〇〇％満足保証」があるわけです。彼の「教え」に共感してふとんを買ったけれど、「しまった！」と思った方は言ってください。いつでも全額返金します、というものです。彼、もう、自信、信念を持って、教え、伝えてますから、それによってお客はふとんを買うわけですから、買ったお客が一年寝てみて、やっぱり「彼の教えは間違いだったな」と思ったらいつでも言ってください。全額返金します。

……スゴイもんです。

今までに一件だけあったそうです（枕で）。それもお客の方から言ってきたわけではなく彼の方からのアプローチによって。

それはこういう話です。

買った後二週間目くらいにお客さんに電話を入れたときには、「調子いい」と言われたそうですけど、人は体調の変化ってものがある。で、一年後に聞いたら、その方が「使ってない」と。「それでもう、お客さんは、でもやっぱ悪いからって、別の枕に交換されました」

まあこういう話ですが、自己陶酔になることが気になる人は完全保証にすればいい。

完全保証にすれば、商品品質は、自分が自己陶酔になっているかどうかは返品率でわかります。

◎パワーアップのための五つのアイテム

さて、マスタービジネスを成長させていくためには、あなたのマスターとしての力も常にバージョンアップしていく必要があります。マスター力をつけるということです。

でも、安心してください。マスター力を高めていくのは簡単です。

それには、次の五つのアイテムを持ち、それを常にパワーアップしておけばいいのです。

その五つのアイテムとは、
一、感性
二、知識・情報量
三、発想力
四、編集力
五、表現力

え？　難しそう？
大丈夫です。これから先を読めばカンタンだということがわかります。
まずは、感性です。
「感性？　それだけは、わたしだめなんですわ」なんて言う方、多いです。
でも、そういう人は「感性」に関して、すっごい誤解があります。
感性とは生まれついてのものとか、すぐれたファッションセンスとかそういう類のもの
ではなくて、**感性とはものを見る力**のことです。
ものを見る力とは、例えば池にかえるが飛び込む音を聞くでしょ。それを感じて、風流

だと思える力です。何気に聞くとぽちゃんという音がしたという事実がそこにあるだけ。でも、そこに感性のある人は風流を感じるのです。そして一句。

古池や蛙飛び込む水の音

「うひゃー！　難しそう！」とビビる必要は、まったくありません。

なぜならこの「感性」は、二番目のアイテム、知識・情報量に比例するからです。知識・情報量が増えれば、勝手に感性も育つのです。

もう一つ言うと、三番目のアイテム、発想力も、知識・情報量と完全に比例します。

つまり、知識・情報が豊かになればなるほど、感性と発想力も、勝手に豊かになるわけです。

いい話でしょ？　楽でしょ？

知識・情報量と感性、それから発想力――この三つのトライアングルは完全に連動しているんです。

つまり、知識や情報が豊富な人は、感性や発想が豊かな人なのです。

そういう相関関係があるわけですから、それを支える知識・情報量を増やすことがとても大事になるわけです。

お客にさまざまな〝ワクワク〟を与えていくためには、あなたも多くの知識・情報を得ないといけないので、そういった意味では、やっぱ本を読むとか、人といろんな話をするとか、それからやっぱりワクワク系ですから、ぜひ遊んでいただきたいですね。

まぁ、遊んだり、自分の信念のある世界を、どんどんどんお客より先に体験していく、ということが重要です。それによって、知識・情報は非常に豊富になってくる。特に「体験」は一度で非常に多くの知識・情報を吸収できますから、まず自分のマスター分野に関することは、いろいろ体験し、体感する。

この「体験」の種類、「体感」したもののボキャブラリーが、多くの商売人に少ないんですね。「遊び」ひとつをとってみても、（遊んでいることはいるんだけど）遊びの幅が狭い。長年同じ遊びばかりしてしまう。自分が夢中になっていることはそれでいいんですが、やっぱりボキャブラリーも豊富にしておかないと。豊富な知識・情報にはつながっていかないわけです。あとは人に会って、本を読む、これです。

学ぶってのは面白いことだし、何のために学ぶかっていうと、**自分の快楽のために学ぶ**んですよ。

自分の快楽のために学ぶってのはどういうことかというと、自分が学んで、自分のマスターとしてのレベルが高くなれば高くなるほど、お客に対して与えられるものが多くなるんです。

それだけお客に見せられる「芸」が多くなる。

お客に対して与えられることが多くなると、お客から何が返ってくるかというと、お客はそれだけ、それによってたくさんの〝ワクワク〟を得ますから、それだけね、比例してたくさんの感謝がきます。

誰かのために何かして、感謝してもらった時の自分の気持ち。

ものすごく気持ちいい。

ものすごく楽しい。

それをわたしは**魂のごちそう**と呼んでます。

これが最上級の快楽です。

しかもマスタービジネスの場合、これをビジネスとしてやるので、この上しかもおひねりが飛んでくるんだから！

だからもっと学びたくなる。もっとお客を感動させる「芸」を磨くために。

これは、学校で教えている「勉強」とはまるで違います。

今自分たちがマスターとして学ぶことは、どんどん高いレベルのマスターになっていくために学ぶことは、お客のために何かするための知識なんですね。それは弟子であるお客が持ってない知識だし、知識というのは発想力に比例しますから、あなたの知識が豊富になれば豊富になるほど、そのお客にとって一番最適なアイデアを出してあげることができるようになってくるわけですよ。

いろんな知識がたまってくると、いろんなことが変わってくるでしょ、自分の中で。お客のためにやってあげられること、お客のために考えてあげられること、変わってくるでしょ、それがすごく大事なことなんですね。

でも、もっと大事なことは、それを人に与えられることによって、自分が彼らから与えてもらうことなんですね。それは何かと言うと、おひねりもそうなんだけど、気持ちの充実ですよね。魂のごちそうですよね。

さて、この魂のごちそうをおいしくお腹いっぱい食べるためにも、知識・情報を得ましょう。そうすると感性、発想力はこれに連動して勝手に強くなりますから、心配はいらない。知識・情報量が豊かになればなるほど、感性、発想は豊かになるのです。

◎「編集力」が創り出すもの

さて、編集力って何？

編集力とは、Aと、Bとを組み合わせて新しいものを作るってことですね。

例えばあるおしゃれなイスがある。それだけだと「イス」だけど、そのイスと例えばボサノバのBGMを組み合わせることによって、それは「イス」っていう単なる座るためのモノから、ボサノバを聞きながらそのイスに掛けるという「ワクワクする体験」に変わるわけですね。それが編集力。

編集力、既知の、お客も十分知っているものから、新しい価値を創造する力っていうのは、とても大きな力になります。

これがどんどんどんどん身に身に付いてくると、**無限に商品が創り出せる**からです。

だってそうでしょ。あなたが売るものはマスターとしての「教え」、お客からすれば「毎日ワクワクした気持ちでいられるための手段」ですから、同じイスでも、ただの「イス」とボサノバをかけながらイスに掛けてのんびりすることとは**まったく異なる**わけです。単にイスだけだと、「イスいかがですか？」ということになってしまうけれど、イスとボサノバのCDを組み合わせた途端に、それはある何か春の日の昼下がり、このイスに座りながら、のんびりとボサノバを聴く。かたわらにはフローズンダイキリ……そういう「ワクワクする体験」、一つのシーンが浮かんでくるわけですよね。

これが編集力です。

既知のものは、文字通りお客もすでに知ってます。今目の前にあるものがイスだということぐらいはわかります。しかし、そのイスとボサノバを組み合わせたときに、自分にとっての新しい体験が生まれることは、マスターに言われるまで気づきません。

これはわたし個人の、一消費者としての体験ですが、わたしのマスターである、ある酒屋さんから、お花見の時期にメールが来ました。

で、そのメールに何が書いてあったかというと、「皆さん！　花見のシーズンですね！ところでこのメールを読んでいる皆さんは、他のオヤジ達と同じように、お花見行って、まさかビールなんか飲んだりしてないでしょうね？」

ドキッ！

もう何かもう、「そんな遊び方をしていたら、破門しますよ」と言わんばかりにねぇ。

もうドキドキしますよ、弟子ながら。

「まさかビールを飲んだりしてないでしょうね」、ドキドキ。

「すみません。飲んでました」。

で、『お花見だったらスパークリングワイン！』。今年のお花見は、スパークリングワインで楽しみましょう！ってことです。はい。スパークリングワイン買いました。この店から。

これ、「お花見」っていう誰でも知ってるものと、「スパークリングワイン」という誰でも知ってるもの、この二つを組み合わせたところに、新しい体験があるわけですね。

既知のものを組み合わせて新しい価値を創る力というのは、ものすごく重要です。

◎大丈夫、要は「場数」です

例えば先ほどのふとん屋さんに行くと、妙な雑貨がいっぱい売ってます。

ここに興味深い話があります。

この店には、時々観光バスとかで、寝具業界の方々が視察に来るんです。そうすると、その雑貨が置いてある様を見てある人は、「あっ、雑貨を置いてるからお客が来るんだ」なんて思ってしまうらしい。

……そうじゃないんだけどね。

彼のところは、彼自身がみんなに広めていきたい暮らし方っていうか、その世界を表現しているわけ。生活雑貨とか家具とか、さまざまなものを組み合わせて、表現して見せているわけですよ。だからそこで売ってる物は、従来の見方からすればモノやサービスに一見見えるけれども、でも彼が本当に売っているものは、そこに集められたその組み合わせなんですね。組み合わせを売ってるんです。ところが魔獣の魔力にかけられている人は、「雑貨を置いているからお客が来るんだ」なんて思ってしまう。で、それを真似して、いきなりどこかのふとん屋の店頭に雑貨があったりするんですよ。

実際さっぱり売れないんですね、それでは。

もうひとつ面白い話があって、彼のところに視察に来た方々の多くが何をして帰るかというと、商品の品番を控えて帰るんです。要するに、この商品を売ってるからこの店とは収益がすごくいいんだ、っていう「花びんの絵」！　そういうふうにしか世界が見えていない。

違いますよね。

まず、「教え」があって、それを表現するのに最適な組み合わせがあって、それを売る。彼がやっていることは、そういうことです。

編集力――非常に重要ですね。

難しそうですか？

でもご安心ください。

編集力も、結局は発想力が源ですから、これも発想力が豊かになれば、自然と編集力、編集発想も豊かになります。

それから表現力。

表現力っていうのは「具現化する力」ですね。

自分が、「こういう世界を広めよう」と思ったときに、例えばそれがわたしのように、本を通じて広めていくということであれば、文章にして伝えられる力。そういう、自分が表現したいものを、かたちにして表現できる力――表現力。

これ、重要です。

かたちにしないと伝えられないので、その力が問われますよね。

これは何によって磨かれるか、高められるかというと、**場数です。**もっぱら場数。

わたしたちの間では「バットをたくさん振る」という言い方をします。

とにかくまず、バッターボックスに立つ。で、バッターボックスに立ったら、三振してもかまわない、しかし三振しないようにいつも考えて、でもとにかく**バットを振る。**

そうすると、最初はうまい打ち方ってわかんないから、やっぱり三振する。あるいは内野ゴロ。でも考えてバットを振り続けていると、そのうちバットへの当て方、うまいヒットの打ち方がわかってくるんですね。そしてそのうちコンスタントにヒットが打てるようになってきて、その中の何本かはホームランになったりするんですね。

やっぱり、場数でしょ。

表現にはたしかにテクニックも重要です。でもそれよりまず重要なことは、この二章で語ってきたように自己表現をすることだし、へたにテクニックを学習し続けるがあまり、自分が納得できるまでバットを振らないよりも、バット振った方がいいですよ、さっさと。

その方が上達ははるかに早い。

なぜって、「体験」からは最大の知識・情報が得られるからです。

◎行け、マスター！　商売の世界へ

さて、今あなたは「自分」を感じていますか？

ひょっとしたら、今まで感じたことのなかった「自分」を。

あるいは感じることを忘れていた「自分」を。

そういえば昔あんなことに夢中になっていたなあ、とか、今も変わらず夢中になっていることや、そんな自分の姿をあらためて思い起こしていますか？

人に何か深く感謝された時の言葉がよみがえっていますか？　そのときの何とも言えない気持ちがよみがえっていますか？


商売とは、マスターとしてお客に〝ワクワク〟を与えることです。

そして、あなたはすでにマスターです。

これがあなたにとっての〝失われたもの〟です。

今あなたはそれを取り戻しました。

さて、次にあなたがすることは、これを「商売」というかたちにしていくことです。

そのためにあなたに三種の神器を授けます。

いずれも大変なパワーのある神器です。そしてあなたはそれを、**大丈夫、使いこなせます。**


さあ行きましょう！　三種の神器が納められた神殿へ！

第3章

マスタービジネス
実践のための
三種の神器を手に入れろ!

ついに〝失われたもの〟を取り戻したあなた。
ここで不可欠なのは、マスターとなったあなたが
これを「商売」として成り立たせるためのもの。
あなたという主を待つそれは、
マスタービジネス実践のための「三種の神器」。
これを手にし、自在に操るあなたは
比類なき商売の達人となるのです。

◎「三種の神器」とは何か

ワクワク系マスタービジネス実践のための三種の神器――これがこの本の最も重要なファクターです。これが欠けていると、マスタービジネスにうまく変態できない、芋虫からさなぎを経て蝶へ変態できないわけです。

しかし幸いなことに、マスタービジネスにとって不可欠な三種の神器も、それが何なのかわかってしまえば、あなたのものにすることは簡単です。

その三種の神器とはこの三つです。

「ネーミング」「メッセージ」「コミュニティ」。

この三つがマスタービジネスの、極めて重要なファクターです。

ネーミングはマジック、**魔法です。**

「なんだ、たかが名前」とバカにしてはいけません。もちろん画数がどうのとか、その名前は運勢が悪いなどと、そういう類のことを言いたいわけではありません。そうではありませんが、名前には、あなたが考えるよりずっとはるかな力があります。それをこの章で、ご説明します。

「メッセージ」は最強の**武器です。**

メッセージという武器を持たないで戦おうとしても、これは戦いにならない。ところが極めて多くの企業が、この最強にして不可欠な武器をまったく持たないで、市場にのぞみます。それでは「売る」ことはできません。メッセージは強力な武器です。

例えば第一章の冒頭でお話ししたエピソード、「お待たせしました」のワインの話。あれはこの強力な武器、「メッセージ」を活用した結果なのです。

「メッセージ」―これについても、この章で説明します。

そして「コミュニティ」は、**魔法のランプです。**

あなたがコミュニティを持つと、売り上げが欲しいときは、ランプをこすればいいんです。すると売り上げが創れます。しかし、コミュニティというランプを持っていないとすれば、マスタービジネスとしては、大変にもったいない状況です。この魔法のランプ、コミュニティについても、この章で説明します。

これが三種の神器です。

「ネーミング」、「メッセージ」、「コミュニティ」、この三つが揃ったとき、あなたのビジネスはマスタービジネスになっていく、ということです。

お客をワクワクさせるためには、決してディズニーランドのような店構えにする必要はありません。劇団四季のように歌と踊りで魅了しなければならないかというと、そんなことはしなくても大丈夫です。

「ネーミング」、「メッセージ」、「コミュニティ」を整えればいいのです。これさえあれば、あなたのビジネスは、ワクワク系マスタービジネスとして変態を始めます。

もう一度言います。ネーミングは魔法です。名前を変えた途端にすべてが変わります。メッセージは強力な武器です。そしてコミュニティは本当に魔法のランプです。

この三つを整えていくことが、最も重要なのです。

第1の神器　ネーミング

◎「MoteMoteコーポレーション」!?

「ネーミング」。これはあなたがそう思うよりずっとパワーがあって、ずっと大事なものです。名前によってまずあなた自身の意識が、驚くほど変わります。名前によって外部の人の見方が、驚くほど変わります。

ひとつ、具体的な例をお話ししましょう。

神戸の、ある化粧品販売会社の話ですが、ある日その会社の社長から相談がありまして、「本格的に自分の事業を進化させたい」とおっしゃる。

彼女曰く、「今まではただ単に〝化粧品を売る会社〟だったんだけど、そういう事業コンセプトそのものを変えてきたい、もっとワクワク系にしていきたい」と。

彼女は、その新しいコンセプトに関してはご自分の中にもうビジョンがあって、それはどういうものかと訊くと、「これからは**〝モテモテの人を量産する会社〟**になろうと思う」とおっしゃる。

それはいい！　非常にワクワク系らしい！　でしょ？

ワクワク系マスタービジネスとは、どんな商品を売っているかではなくて、誰にどのように「毎日がワクワクする方法」を教えているかですから、こういう考え方はぴったりです（ここ、大事です。『わたしはどういうマスターか』ということですね）。

で、「いくつか社名の候補があって自分の一番気に入っている社名があるんだけど、結構周りの人に反対されている」ということで、わたしの意見を聞かせて欲しいというのが、相談の主旨だったわけです。

その社名とは、**「MoteMoteコーポレーション」**。

モテモテ人を量産する会社なので、「モテモテコーポレーション」。おお！

わたしは「それだ！」と助言にならない助言をして、彼女の会社は「MoteMoteコーポレーション」という名前になりました。通称は「モテコ」です。

こうして彼女の会社名が「モテコ」に変わった途端に、何が起こったか。

彼女曰く、「毎日〝モテモテ〟といっているせいか、社員も私も毎日が非常に楽しくなった」。

そして、会社の活動そのものも自然に「MoteMoteミーティング」とか「MoteMote企画会議」などという感じに変わってきて、お客の反応も変わってくるし、いきなり彼女にセミナーの依頼が来たり、名刺を欲しがる人が急増したり、どうしても社員にして欲しいという人が来たり……彼女を取り巻く世界が変わってしまったんです。

そして、なんと**業績がいきなり四〇％もアップした！**

これは非常に不可思議な話に聞こえるかもしれません。しかしわたしの身の周りでは、こんなことが極めて頻繁にあるんだということを、この機会にぜひあなたにお伝えしたい。

「自分の会社は化粧品を販売する会社である」というスタンスと、「モテモテ人を量産する〝MoteMoteコーポレーション〟なんだ」というスタンスとでは大きく違うのです。

何が違うか？　まずあなたの生き方が違ってくる。ものの見方、発想も違ってくる。そして、それに即した現象も起こる。だから社名というのは極めて重要なんです。

これを不思議に思われる方もいると思うんですが、別に不思議なことではありません。

名前は普段から自分の声で発します。周りからそう呼ばれます。その文字を見るたびに、心の中で声がします。

それが大きなパワーになるのです。

名前を変えることによって、自分が自分に対して持つイメージ、自分が会社に対して持つイメージが変わる。名前を変えた途端に世界が変わってくるんです。

自分たちのことを、酒を製造しているなら「酒造会社」と、ふとんを販売しているなら「ふとんの販売店」と、焼肉店なら「焼き肉を食べさせるレストラン」と、ついモノやサービスを売っているんだという感覚・観点で自分たちをイメージしてしまう。それがそもそも「花びんの絵」！　そこから大きく変えて欲しい。

どういう方向に変えて欲しいかというと、どういうモノやサービスを売るのかという場所から、あなたのビジネスを通じて、誰にどのように「毎日がワクワクする方法」を教えるか、あなたは彼らにとってどういう存在なのかという方向へです。

そして大事なことは、お客にとってあなたはそのワクワクのマスターなんだということです。

そうして「モテコ」は変態を始めたわけです。

彼女の会社は「モテコ」になったからと言って、取り扱うモノやサービスが急に、極端に変わったわけじゃない。突然大きく変わったわけじゃない。「モテコ」になった途端に、千坪くらいの店になって、メリーゴーランドとかあったり、従業員はみな踊ってるってわけじゃない。それほど大きくは変わってない。なのに、まず自分たちの仕事に対するものの見方、そして外部の人たちの自分たちに対する見方は、まったく変わった。

それが原動力となって、大きな変態が始まるんです。

名前を変えた途端に新しい人生が始まる。

魔法ですね、まさに。

◎わたしも同じだったんです

かくいう私もそうだったんです。

私が自分の会社「オラクルひと・しくみ研究所」を作ったときには、実は売るものが何もなかったのです！

あったものは名刺だけ。

何も売るものも決めないで、わたしは名刺を作ったんです。

こういうことをやりたいな——と漠然と思ってはいたけれど、はっきりしない。お客をどうやって獲得したらいいかもわからない。さっぱりわからなかったけれど、屋号を決めて、肩書きを決めて、名刺を手作りで作りました。

「オラクルひと・しくみ研究所」という屋号と、「エバンジェリスト」（伝道師）という肩書きだけが、はじめにあったんです。

最初のスタートは、何も置いていないワンルームマンションに、「オアシス」というワープロがあるだけ。そのワープロで作ったわたしの名刺だけはある。これが現在のオラクルのスタートです。

はじめに言葉ありき。これは魔法です。

この魔法に気がつかないと、みんな社名・屋号をきちんと考えない。

名前というのは、非常に大事です。

そこで考えて欲しいんです。

単なるモノやサービスを売るのではなく、マスターとして教えるとしたら、私は何者だろうか、ウチは何屋だろうか、どういうネーミングがふさわしいだろうか。

長年続いている老舗などは、いきなり社名や屋号を変えにくいかもしれない。ならばそういう場合は、別に屋号を作るとか、「サブタイトル」的なものを作るとか……。なんだっていいんだけど、ネーミングは非常に重要です。

名前によって、本人（社員）たちの意識が驚くほど変わります。

それから外部の人の見方……あっという間に変わります。

わたしは、自分の会社をワンルームマンションからスタートさせる前は、サラリーマンでした。広告会社の名刺を持って、「イベントプランナー」っていう肩書き。でもそれだと広告会社のイベントプランナーとしか見られないんです。当たり前ですが。

しかし「オラクルひと・しくみ研究所　エバンジェリスト」だと、「何屋さんですか？」と聞かれるんです。それで「僕もよくわかりません」なんて、当時はそういう話なんです。でもとにかく自分がやろうとしていることを説明する。「今こういうことをやっているんだ」とか。「エバンジェリスト、伝道師って、どういうことですか？」と聞かれれば「これこれこういうビジネスのやり方を、広めたいということです」と答えたり……。

それが、お客にイベントプランナーという名刺を出したら、何が起こるか？　広告会社のイベントプランナーですから、「ああ……」って感じ。そしていきなり電話がかかってきて「小阪君、ちょっと来て」って、そんな感じです。

ところが、ある会社に行って「オラクルっていうのはこういう会社で、私はエバンジェリストという存在なんです」そう言った途端に、なんて言われたか……**「先生」**と呼ばれました。これは大変な違いです。

ネーミングが魔法だというのは、名前というのがいかに力を持っているか、ということなんです。つまりそれは自分のイメージを変えてしまう。あるいはネーミングが間違っていることによって、自分のイメージを規定してしまう。人がそのイメージを規定してしまう。

しかし恐ろしい話ですよ。人の脳にイメージを刷りこんでいるんですから、そこからしか発想しなくなる。お客もどういうわけか、そういうふうにしか見ないわけです。広告代理店のイベントプランナーという名刺なら「ああ、いいアイデアがあったら持ってきてよ…」って、こうですよ。同じことやっていても「ああ、なんかいい企画あったら提案して」って。一方では「はあ、そうですか先生！」。

本当ですよ。

ネーミングひとつで、**自分も相手も変わります。**ということは、その日から生きはじめる人生が変わりますよね。

◎思いを込めて「三国屋善五郎」！

驚くべきことは、先ほどの「モテコ」も、従業員の意識が突然変わった、お客さんの接し方が突然変わった。それだけでなく、いきなりセミナー依頼が来る！

ネーミングが効いてくるわけです。そういうことが非常に多いです。

もうひとつ、ネーミングの魔法の例をお話しします。

福井に「三国屋」というお茶のメーカーがあります。

かつては、「株式会社やまぐち」だったんです。なぜって、社長の苗字が「山口」だから。

こういう安易な名前の付け方、多いですね。

彼は今回、まず自社製品であるお茶のブランド名を考えた。

それが「三国屋善五郎」。

なぜ「三国屋善五郎」なのか、その由来は山口さんの祖父の名前です。祖父の名が善五郎。ただそれは、単に祖父の名前をもってきただけではなくて、思いが込もっている。今のお茶製造業を創業したのは山口さんのお父さんなんだけれども、もともと祖父はお百姓さんで、茶の栽培もやっていた。その祖父が山口さんのお父さんに非常に厳しい人だったらしく、お父さんはいつも山口さんに、「今こうしてちゃんと商売をやっていけてるのも、親父が厳しくしてくれたおかげだ」と語っていたそうで、山口さんにとっても「おじいちゃんが商売の原点」と思えた。これが「善五郎」の由来。

そして、「三国屋」。この由来は、彼が生まれ育った三国町から。彼はこの三国町が大好きだそうですが、その思いが込もっているわけですね。

そこで、新ブランド名デビューを機に、社名は「株式会社三国屋」に変えた。で、変えた途端に……いろんなことが起こっています。

まず、どういうわけか、周りの人が突然（前からいた客にもかかわらず）、自分の会社のお茶を「由緒正しいお茶」だと思っている。おかしい、不思議だ、前から来ているお客なのに……。それから最近、卸で初めて訪問した先のお客が、ちゃんと創業何年（お茶屋さんとしては、さほど歴史の古い会社ではない）だと言っているのに、大変由緒正しいお茶屋だと信じて疑わない。

これは社名を「三国屋」に変えた途端に起こった出来事です。

山口氏いわく「よくわかんないけど、名前を変えて良かった」。

社名だけでなく、ネーミングの対象には屋号ってのもあります。

東京都昭島市にある学習塾『ジーニアズ井上塾』は社名ではなくて屋号ですが、これまた社長井上哲夫氏の思いがこもってます。

屋号に「ジーニアス」とつけられている所以は、彼が新規入塾者に送るレターに書かれているこの言葉からうかがえます。

「ジーニアスとは、もちろん英語で『天才』を意味しています。一人一人の中に天才がいる＝『君の中に天才がいる』のです。頭は使えば使うほど良くなります。これから一緒にどんどん頭を使いあなたの頭脳を活性化してください」

◎寿司屋で「うんちぶた」

ネーミングは、魔法です。

自分も相手も変わります。

そして、これはネーミングの魔法に通ずるんですが、自分が何屋なのか——そのスタンスを変えれば、**売れる商品は無限に見つかります。**

つまり先ほどの「モテコ」の例で言えば、「化粧品を売る会社」と思っている限り、化粧品を売ることから、なかなか離れられない。

わたしはよく、品揃えについて「人を中心にした品揃えに変えるべき」ということを言っていますが、具体的にどう変えていったらいいかという発想は、なかなかみんな湧かない。それは自らの事業コンセプトを変えないから、ですよね。

「自分は化粧品を売っている」と思い込んでしまうと、他にはスキンケア商品だとか、化粧品を入れるポーチだとか、その程度の発想の広がりしかない。

これが「モテモテ人を量産する」というコンセプトであれば、それに関係ない商品はいかに巷で売れていても自分たちは扱うべきではないし、同時に「これに乗るだけでモテる」なんていう車があったら、その車は売っていい、ということになるわけです。

こういう例もあります。

「楽しい有限会社」という、見るからに楽しそうな名前の会社が福島県はいわき市にあります。何をやっている会社かと言うと、今や「人々を楽しくすることをやっている会社」なんですが、従来的に言えば「回転寿司屋」です。

この会社も、それまでは「有限会社出村屋」という社名でした。すると、それまでは社員も外部の人も、単に「回転寿司屋さん」だと思っちゃうんです。ところが「楽しい有限会社」にした途端「楽しいことをやろうという会社」「お客にとって楽しいことをやっていこうという会社」になっていった。

この会社で例えばなにが起こっているか……そこの社長が、ある店で「うんちぶた」という非常に下品な雑貨（手のひらで包めるくらいのサイズのぶたの人形なんですが、ぎゅっと押すと、おしりからうんちが出る。それが妙にリアルなんですね）を発見して、「これはおもしろい、ウチの寿司屋で売ろう」と言い出したから、さあ大変。

普通「寿司屋」は考えないって！

そこで、ちょうど「回転寿司サミット」という会合があって、全国から回転寿司屋の社長さんたちが集まっていた。そこで出席者の皆さんに聞いたんですって。

「みなさんに意見を聞きたい。これおもしろいでしょ、うんちぶた。ウチの店で売ろうと思うんですけど、どう思われます？」

「……やめとけ！」。みんなそう言ったらしいです。

「そんなもの寿司屋で売れるわけがない」と。

ところが、よく売れているそうです、これが。もう**大ヒット商品。**

最近彼がレポートをしてきてくれた。「会社のなかも変わってきています。これがワクワク系ですかね」って。どういうふうに変わってきているかというと、「寿司の売り上げよりも、うんちぶたの売り上げを気にしている社員がいます」って。まあ、寿司の売り上げも気にして欲しいですが……とにかくすごい変化ですよね。

お客を楽しくさえさせればいいわけだから、なにも寿司に限ったことじゃない。寿司屋をやりながらいろんな楽しいことをやればいいじゃない……で、最も大胆な「うんちぶた」という実験をしてみたら、大成功だった。

彼のビジネスは変わりました。今まで「回転寿司をいかに伸ばすか」という発想が、変わりました。

変わったきっかけはネーミングです。「楽しい有限会社」。

◎「あなたの……」

次に肩書きについて。これ、多くの方がいいかげんに付けすぎています。例えば「部長」

とか。

「部長」って、なに？

わたしは、一応「代表取締役」という名刺を持っていますけど、めったに使いません。

なぜなら、私は商法上「代表取締役」だけど、お客にとって「代表取締役」ではないからです。そんな肩書き、お客にとっては関係ない。

お客は「あなたはどんなマスターなの？」「何を私に教えてくれるの？」と聞いているわけだから、関係ない。

「部長」？　**すっげえ関係ない**ですよね。

やめたほうがいい。せめてサブタイトルにするとか（小さく、「社内の組織図上は『部長』です」とか）。

その点、先ほどの「モテコ」社長の肩書きはスゴイっすよ。

なんと、**「あなたの……」**です。

ぶっとびます。

「あなたの……」これが肩書きです。「あなたの……」なんて言われちゃった日にゃあ、どぎまぎして、「え？オ、オレの？」なんて、声が裏返ってしまいそうですね。

まあこのように、「あなたの……」っていうすさまじい肩書きもあるんですけど、この「モテコ」、他の人の肩書きも、なかなかです。一部ご紹介すると、例えば「コンキオリン君課」。「コンキオリン」、って何のことかわかりませんよね。「コンキオリン」とは、彼女たちが取り扱っているスキンケア商品に入っている成分のことだそうです。これが非常に肌にいい。この「コンキオリン君課」の方は、それを世の中に広める役目を担っているわけです。さらに、「ビューティー・イノベーター」。うーん、これもいいですね。美を革新する人なわけです。

「モテコ」以外の例もご紹介しましょう。

肩こり・腰痛を解決するチタンテープなどのお役立ちグッズを世に広めている、東京・吉祥寺の「プロ・アクティブ」という会社では、部門リーダーは「バイス・キャプテン」、従業員は「メイト」、パートさんやアルバイトさんは「クルー」という肩書きです。これは会社全体を一隻の船に見立てているわけです。会社を共にやっていくということは、一隻の船を共に航海させていくことだと。これは対社内的な肩書きではありますが、**「意味」を込めた、非常にいいネーミング**ですよね。なんかいいよね、なんかかっこいいよね、バイス・キャプテンとメイト、クルー。

さらにこの会社では、それぞれ各位に「ミッション・ネーム」が（自己申告制で）付けられていて、例えば法人客を相手にしている部門の責任者は、「（クライアントが求める答えを引き出す）スーパーコーチ」とか、インターネットショップ部門の責任者は、「（お客の悩みを解決し、喜んでもらう）スーパーカウンセラー」とか、それぞれあります。また、対社内部門の責任者にも「スーパー電脳キッズ」（社内システム部門責任者）とか、「スーパーモチベーショナルクリエディター」（社内クリエイティブ部門責任者）などの肩書きが付いています。

もうひとつ、先ほどの「三国屋」の話です。

新しい店をオープンするときに、人の募集をかけるでしょ。三国屋でも募集広告をうったんですね。

「店長募集」。

「販売員募集」。

これが全然集まらない。希望者がいないんですね。

で、三国屋の山口さん、募集する人の肩書きを変えてみた。

「ティーアドバイザー募集」。

殺到しました、希望者が。

今度は断るのに大変。「今まででこんなことは初めて」だとか。

しかも、「留学経験者」といった、今まで応募に来たこともない類の人たちが押し寄せてきて、「こういう仕事をやりたかったんです」、という。正社員としてはお断りした人が、また電話をかけてきて「パートでもいいので働かせてくださいと」言ってきたり……。

「店長候補、販売員」と「ティーアドバイザー」で何が違うのか。

それに対する人の意識は、大きく違うわけです。

ここでご紹介した肩書きにはユニークなものもありますが、別に面白い肩書き、奇をてらった肩書きにする必要はありません。先ほどの社名と一緒で、「自分は何者なのか」「お客にとって自分は何者なのか」ということを意識した肩書きにすることを考えるべきでしょう。

それは対外部署だけではなくて、社内の人にサービスする部署も同じです。総務や財務、人事などです。財務などは対外的な部分もありますが、要するに社内の人がお客の場合は、やはりそのお客に対して「自分は何者なのか」と考える。先の例のプロ・アクティブなどがそうですね。

その他の会社の例では、経理・人事・庶務部門の名前を「カンパニーサポート」という名前に変えました。以前は「経理・人事部」だった。経理・人事・庶務ということは、会社全体をサポートする部門ということで、その意味が込められているわけですね。一番重要なのは「社内のお客」ですから、「自分は、そのお客にとって何者なのか」。これが非常に重要なのです。変えた途端に、社員の意識が変わります。

ときどき、「社員の意識を変えるにはどうしたらいいか」、というご質問がありますが、これで変わるんです。**形から入っちゃうんです。**「君の考え方は間違いだよ」なんて説得しても、火に油を注ぐこともある。それより、自分たちは何者なんだ、お客にどういうことを与えられる存在なんだ、これを中心に、それにふさわしい肩書きを。**そこから始まります。**

◎大手企業社員に「芸名」がある⁉

さてさらに「芸名」、これはお勧めです。

「会社で芸名？　ふざけてるのか！」

いや、いたってまじめです。

芸名を持つことで、本人や周りの意識が変わります。

この間、ある会社に行ってびっくりしました。

そこは大手企業で、自社が開発した大型のショッピングモールを運営会社で運営していた。そこにちょっとしたレクチュアーに行ったのですが、驚いたことに、その会社の人たちには、みんな芸名が付いているのです。

どういういきさつで芸名がついたかというと、ショッピングモールを地域密着型にするために、ローカルFM局を自分のモールに引っ張ってきた。まあ、ここまではよくある話ですが、このモールの支配人さんは、すごく本質の見えている方で、「地域密着の核をローカルFM局にするのなら、業者を雇って任せきってしまうのはいかん」といって、社員全員をそのFM局に出演させ、担当の番組を持たせているんです。

そのための芸名でもあるんです。

ちなみに、総支配人の関さんは「マイク・関」。副支配人の新井恵一さんは「ケーイチ・サンタモニカ」。経理部長の新井誠さん、「サンシャイン・まこと」。

ケーイチさんの持ち番組は「ケーイチ・サンタモニカの来て来てサンタモニカ」。サンシャイン・まことさんは「サンシャイン・まことの愛と誠の一〇分間」だって！

これはものすごい。わたしは感服しました。

マイク・関さんは、こうおっしゃっていました。

「社員に芸名を付けたことで、思わぬ効果がありました」と。「芸名を付けた途端に、みんなお客さんと接客的に接するようになって、会議の発言が活発になった」と。「社内のコミュニケーション、お客さんとのコミュニケーションが非常によくなりました」、と。

サンタモニカさんは副支配人で、テナント担当者ですが、「テナントとのコミュニケーションがすごくよくなりました」と。

サンタモニカさん、結構地味な方です。誠さんも地味な方。とても外見からは、ラジオのパーソナリティをつとめるタイプには見えない。

でも、**豹変する**らしいです、パーソナリティになるときは。

「みんなかなりうまいですよ」とは、マイク・関氏の談。

「モテコ」では、先ほどの「コンキオリン君課」の方は「茂手　モテ実（モテ　モテミ）」さん。ビューティー・イノベーターの方は「エレノア❤花珠」（いや、❤は本当に名刺にも表記されているんです）。

これを「おふざけ」と怒るお客がいるかというと、そうでもない。「モテ美」さんは、今お客から「モテ美ちゃん」と呼ばれて、かわいがられている。何の問題もない。本名を知らないお客も少なくないくらいなわけです。

◎「XVP300」であなたは欲しくなるか

そして、ネーミングと言えば、商品名。商品名って、本当に考えられていないないですね。

これは、なんでこんなに考えてないのってくらい考えられていない。

例えば**「XVP300」**。

これだけで欲しくなる？

わたしは残念ながら、欲しくならないですわ。

これ、DVDプレーヤーです。

わたし、映画好きですから、DVDプレーヤー、欲しいんですよ。でもXVP300じゃあねえ……何のこっちゃか、わからんですわ。欲しい私だってわからないのに、いきなり「XVP300」って名前だけを聞いて「うわあ……欲しい！」とか思う人、**いないよね。**

いかに商品名というものが無視されているか。もう、めちゃくちゃです。

近年の、いい商品名の例をあげてくれと言われれば、わたしはまずこれですね。

――「甘栗むいちゃいました」。

これはいいネーミングです。

この商品は、甘栗がすでに皮をむいた状態で入っているスグレもので、キオスクなどで売っているので、ご存知の方も多いでしょう。多くのメーカーは、「甘栗をむく」というところまでは考えるんですけど、最後の詰め、ネーミングで甘く、「スーパー甘栗」とか付けちゃう。「甘栗デラックス」とかさ。それでは、お客にとって何なのか、わからないんですよ。

◎一〇〇年後に残るネーミングを

名は体を表す――ネーミングというのは本当に重要です。
ワクワク系に変態するのに何が重要かと言うと、いろいろなことが重要なんだけど、最も重要なことをみんな落としているんじゃないだろうか。

ネーミング。

これについて間違っている。

社名、肩書き、芸名、商品名……これらをすごく間違えている。

ここをまず捉え直して、新しい名前を付けてみませんか。

新しい名前を大胆に付けても、別に誰にも怒られません。

「MoteMoteコーポレーション」のように、反対する人、多数かもしれない。

「三国屋」だって反対されたんだよ。「やまぐち」よりいいじゃない。ブランド名「三国屋善五郎」、いいじゃない。それでも反対されたんだよ。

三国屋の山口さんはそのときこう考えたそうだ。

たしかに今まで「やまぐち」というブランド認知のために、CMやったりかなりの投資をしてきた。でも、**どちらの名前が一〇〇年後に残るだろうか**って。

そりゃ反対する人はいっぱいいますよ。特に二代目の方。

反対されるでしょう、親父には。

でも、考え、実行する価値は大きい。

ネーミングは魔法です。

変えた途端に変わります。それくらいのパワーがあります。つくづくネーミングは重要。もしみなさんのお店がマスタービジネスになかなかスタートできないんであれば、ネーミングを間違えているから、自分たちを含めてすべての人が、それはマスタービジネスではないと思っているのかもしれない。

頭ではマスタービジネスをやらなきゃと思っていても、無意識のなかで、そうじゃないんだということを認識して、発想して、やってしまう。

これは怖いことです。

もう一度最後に言います。

ネーミング・イズ・マジック。ネーミングは魔法《マジック》です。

第2の神器　メッセージ

◎メッセージがありますか？

さて、第二の神器は「メッセージ」。

メッセージは、最強の武器です。

これは非常に大事なことですので、少し丁寧に説明しましょう。

わたしは商売がら講演で全国へうかがいます。

だいたい講演会場でお会いする方は知らない人ばかりですから、「どういうことでお悩みですか」と問います。

するとその答えはだいたい次の二つです。

「客が減っている」。

「商品が売れない」。

客が減っていることに関しては「第三の神器」での話になりますが、「商品が売れない」……これは当たり前です。だって、**売っていないんだから。**

売っていないのに売れるわけがない。

こう言うとみんなきょとんとします。

「いや、一応店は開いているんですけど」

で、わたしが問い返します。

「どういうふうに開いているんですか？　商品をきれいに並べて、商品名と価格を書いたプライスカードを付けて、いつもきちんと整理整頓していますか？」

「そうです」

「それ以外には？」

「それだけです」

「それでは、売っていないというんです！」

なぜか。

そこには**メッセージが不在だから**です。

では、どんなメッセージが不在なのでしょうか。

そう、お客に動機付けさせるためのメッセージです。

第一章でさんざん語ったように「お客は商品を欲しくない」のですから、お客に商品を売るためには、動機付けが必要です。

思い出してください。お客が欲しいものは、何だったのでしょう。

お客が欲しいものはたったひとつ、「ワクワクする毎日を得るための手段」です。

お客は「この商品が自分に、ある〝ワクワク〟をもたらしてくれるものだ」とわかったときに、その手段としての商品を欲しくなるわけです。そうだとわかったときに、それを自分の人生のなかに取り入れるために、商品を買いたくなるわけですね。

だから、ただ単に棚に商品と価格が並んでいる状態、ただ単にチラシや、インターネットショップの画面に商品と価格が並んでいる状態を「売っている」とは言わないんです。お客には、「その商品が、自分にとってどんなワクワクする毎日をもたらしてくれるのか」がわからないかぎり、単に自分にとって関係ないモノやサービスにしか見えない。それは「売っている」とは言いません、ワクワク系では。

また同様に大切なことは、お客は自分が何を欲しているのか、何が自分にワクワクする毎日をもたらしてくれるのかがわからないわけですから、それはあなたが発信するメッセージによって教え、気づかせてあげないとわかりません。

そういう意味では、メッセージとは、お客があなたに教えてもらうまで、**そうとは気づかなかった自分の必要や願望に気づかせるためのもの**です。

見えてきましたか？

これは極めて重要なことです。

なぜならそういうメッセージは、その商品にまったく関心のなかった人にまで動機付けすることができるからです。

◎メッセージがベストセラーを生む

例えば小売店であれば、よく商品にPOPがついていますよね。でも、書かれているのはたいがい商品名と価格だけ。あとはグラム数とか入り数とか。しかしそれではお客に何も語っていないのと同じです。

新潮社の『白い犬とワルツを』という本が、ある一軒の書店が書いたPOPが発端となって、それが全国に飛び火し、それまでまったく売れてなかったこの本が、いきなり百万部を突破する大ベストセラーになったという話があります。

そのPOPにはこのようなことが書かれていました。

――妻をなくした老人の前にあらわれた白い犬。この犬は老人にしか見えない。それが他のひとたちにも見えるようになる場面は鳥肌ものです。何度読んでも肌が粟立ちます。感動の1冊。プレゼントにもぴったりです。――

この書店は、お客にメッセージを発信したのです。

そのメッセージによって、『白い犬とワルツを』にも、その作家にも関心のなかった人に、動機付けできたのです。

それまではどの書店でも、この商品をただ棚に並べていただけで、それはすなわち売ってなかったわけだから、適切なメッセージを発信した途端に大ベストセラーになる。

そういうことは、ワクワク系では**珍しいことでも何でもありません。**

わたしがむしろ驚いたのは、この話題が写真入りで朝日新聞に取り上げられたこと。大新聞社が取り上げるということは、目新しい、珍しいことなわけです。よく言うじゃないですか、犬が人をかんでもニュースにならないが、人が犬をかむとニュースになる。

ということは、適切なメッセージを発信して、本当の意味で商品を売るという行為は、**人が犬をかむに匹敵するくらい珍しい！**

大丈夫か、全国の商人！　って感じですね。

あなたが小売業なら、せめてＰＯＰは書きましょう。メッセージを伝達できる最良のツールです。

レストランでも同じことが言えます。

あるレストランの話ですが、そのレストランではよくありがちなメニューで、商品名と値段だけが書いてあったんです。

お客はそれだけだと大して感動しないし、それどころか何と言われていたかというと「あんたのところは品数が少ない」というクレームが主体。

それがメニューにメッセージを織り交ぜてから、まずクレームがパタッとなくなった。

そしてお客がみんなジーッとメニューをよく見るようになった。

見て、「う〜ん」となって、「よし、じゃあチャンポン」と、非常に**気合いを入れてオーダーする**ように変わってきた。

別にメニューの中身は変わってないんだけど。

例えばたい茶漬け。

以前はただ単に、

――たい茶漬け　一三〇〇円

だけだったのが、今ではこうです。

――たい茶漬け　毎朝調理される玄海産の鯛に、池田料理長が苦心して作った特製ゴマだれをからめました。こぶ茶が玄界灘の香りを一層引き立てます。　一三〇〇円

非常にいいですね。

まず「玄界灘の鯛」、これ、ポイントですね。そして「池田料理長が苦心して作った特製ゴマだれ」ね。これがただ単に「ゴマだれをからめました」では弱いわけです。「池田料理長が苦心して作った特製ゴマだれをからめました。こぶ茶が玄界灘の香りを一層引き立てます」。

いいですね。上手ですね。なんかこれを食べた時の幸せ感がにじみ出てきますよね。

この店の「かわらそば」も食べてみたくなります。

――茶そばを陶板で焼いたクラシックでしか食べられないオリジナルの味。陶板の保温性の良さでいつでもアツアツ。独特のコゲつきが食欲をそそります（クラシックというのは

店名です）。

これですね。

レストランのシェフら、いわゆるアーティストはたいがいにおいて奥ゆかしく、自分のやっていることの価値を十分に、というか往々にしてまったく伝えていません。

で、わたしが相談の際に、「この料理はどういう料理なの？」とか「これはどうしてこんなに高いの？」とか聞くと、「それはですね、ああでこうでああで、この材料がまず手に入りにくくて、その調理がこれこれですごく難しくて、さらにその技術を習得するには最低一〇年は……」と続くわけです。その価値を熱く語るわけです。


わたしに言う前に、お客に言ってくれ！


こういうことも「メッセージ不在」と言えます。

メッセージが不在だと、お客を動機付けできませんね。

◎法人客だって同じこと

しかしながらつくづく、どうも世の中、「売る」という行為の意味が誤解されていると感じます。

売れるということは、第二章で言ったように、「教え」が共感されるということですから、お客に自分の「教え」を何も伝えていないということは、「売っていない」ということです。「売ろうとしていない」ということです。売ろうとしていないのだから売れるわけがありません。

また怖いのは、「商品を売る」という感覚で見ていると、自分が発信している情報の中に、お客に対するメッセージがまったくないということがわからないということです。「この商品をいかに売るか」という視点で考えていくと、「この商品を通じてお客に教えていく」という感覚がなくなるからです。

例えばあなたと違って、この本で語られているようなものの見方がまったくない方が、突然「あなたの商品にはメッセージがありませんよ、メッセージを書いてください」と言われても、よくわからない。書けない。「何を書いたらいいでしょうか」と戸惑いますよ。

例えばある商品について、「この商品にメッセージを書きましょう」というと、まず例外なく（例えば社内研修などで予備知識のない方々の前で唐突に「ＰＯＰを書きましょう」と言うと）ほとんどが、「商品名、価格」だけを書きます。せいぜい付け加えられて「今後は「夏は」とか「冬は」、「行楽シーズンは」とか。後は売れています」の一言。その他には「夏は」とか「冬は」、「行楽シーズンは」とか。後はほぼ例外なく、商品の説明だけです。

しかし、お客の方が「商品は欲しくない」と言ってるのに、いきなり商品の説明をしてもしょうがないでしょ。

法人セールスもそう。

いきなり相手先のところに行って「この商品を買ってくれませんか」と言う。

それでは商品名と価格しか書いていないPOPやチラシと同じ。

しかもその商品名が「XVP300」だったりする。「XVP100をバージョンアップしたのが、XVP300なんですよ」って、わけわかんないですよね。

お客は、わからないものについていろいろ考えるのはわずらわしい、そんなヒマはない。

「説明させてください。この商品のスペックはですね…」って、そんなのどうでもいい。

わたしはいつも、法人セールスをやっている方……例えばその方のセールス先が量販店なら、こうアドバイスします。

「お客はなぜ商品を買うの？　お客はあなたから商品を買って、店頭に並べて、売り上げを上げることが目的。だったら、商品がどーだとかいう前に、例えば『実はこの商品を品揃えしていただければ、あなたの棚の商品回転率が一・五倍になります』という解決策を言わないと」と。

売り上げを上げなきゃいけないというのが量販店のバイヤーさんの抱えている課題（それが達成されない限り「ワクワクする毎日」はない）だから、それを言わなきゃいけない。「うちの商品を購入すると、売り上げが達成できますよ」と。この場合は、これがバイヤーさんが知りたいことなんだから、教えてあげなきゃいけない。「実はうちの商品をいろんな売り場で検証した結果、商品回転率が一・五倍になることがわかりました。この商品についてくわしく知りたいですか」って訊ねたら、**知りたいに決まっているでしょう。**自分の抱えている課題に対する答えなんですから。

「この商品を買っていただけませんか?」と言う前に、相手に動機付けするわけです。

バイヤーにとっては「売り上げを上げること」が課題で、それに対する効果的な策が「欲しいもの」、彼らが探している「答え」、すなわち「買う」という行動のための動機付けになります。ですから、それを明快に伝えることができれば商品が何であれ、バイヤーにとっては「欲しいもの」になるのです。

この場合、商品が何かということは、さして重要な問題ではありません。彼らにとって、それが動機付けになるかどうかが重要なのです。

◎ダイレクトメールでメッセージを

ダイレクトメール（DM）も、同様に「メッセージ」として見る必要があります。

次のページを見てください。

「子供に食べさせたいアイスクリーム」。これは和歌山の通販会社ヤマモトのDMです。

これ、よく売れるんです。すぐ売り切れ。

でもこれ、よく見てください、アイスクリームの写真も載っていない。

普通、アイスクリームのDMというと、アイスクリームの写真がドーン！　それも往々にして、アイスクリームのパッケージ写真がドーン！「お客はパッケージが欲しいのかよ？」って感じですよね。そういう写真がドーンとあって、あとは「バニラ、抹茶…」。

でもこのDMはそうじゃない。ヤマモトからの「教え」ですよね。

お客からすれば、この「教え」に共感して、「子供にこのアイスクリームを子供に食べさせたいな」と、こういう話ですよね。

子供に食べさせたい。それが始まりでした。

私、食いしん坊社長が生まれ育った紀伊半島の真ん中にある小さな町、山にかこまれ夏には鮎釣りで賑わうきれいな川が流れる町に二株牧場という夫婦二人だけでやっている小さな牧場があります。そこのご主人二株さんは大阪出身ですが２０年前、子供を育てる環境を考えまた牧場経営に適した場所を求めてやってきました。牛３頭からスタートし現在では６０頭近くになっています。

私の姪っ子は今度小学校３年生になりますが、生まれた時からアトピーで弟夫婦は初めての子供という事もあり食べ物に大変気を使い、とうとう自然食品の店を始めました。今から８年ほど前のことで、炭倶楽部ができて少し経ってからのことです。その後、炭倶楽部の備長炭と木酢液ですっかりキレイになりましたが、今でも木酢液のお風呂に入れていますし食べ物には気を使っています。その義妹が実家に帰った時、あんなに食べ物にはこだわっている義妹が二株牧場で子供に食べさせたいと思うアイスクリームを見つけたというのです。食べたところサッパリとして、甘過ぎず美味しかったというのです。それを聞いた食いしん坊社長は早速二株牧場のご主人に会いに出かけました・・・

ご主人は農業大学時代一年間ドイツに酪農留学しましたが、その間ヨーロッパ各地で色々なアイスクリームを食べたそうです。いつか自分も牧場を持って子供ができたらこんな美味しくて添加物の入っていないアイスクリームを作って子供に食べさせたい。そう思ったそうです。それから十数年、牧場もやっと軌道に乗りお子さんに食べさせるアイスクリーム作りが始まったのです。試行錯誤を繰り返し昨年やっとこれだ！というものにたどり着いたのです。

この二株牧場のアイスクリームを炭倶楽部のあなたさまにも食べて頂きたい。今回ご主人に会って、アイスクリームを食べてそう思いました。味はバニラ、チョコ、紀州梅のシャーベットの３種類です。３種類それぞれ４個入って１２個入りで箱代金、クール宅急便代含めまして３７００円です。このアイスクリームは大手のアイスクリームのように完全オートメーションではなくすべて手作りです。軟化剤も入っていないので、食べやすくなるまで１～２分待っていただかなくてはなりません。ご夫婦二人の製造ですからあまり多くのお申込いただいても対応できない場合も考えられます。ですから是非とも手作りの味を試してみたい、子供さんに食べさせたいと思う方だけお申込みください。安心して食べていただけるアイスクリームです。

Tel [redacted] Fax [redacted]

だからこそ、このＤＭ、いきなり「アイスクリームはいかがですか」なんて書いていない。「食いしん坊社長の～」で始まって、どんどんローカルな話になっていって、「私の姪っ子は小学校三年生になって……」なんて、どんどんそんな話になっていって、最後の最後に「アイスクリーム三七〇〇円」ってなる。

みなさんも読んでみてください。買いたくなるから。

これはメッセージのパワーです。

この商品にまつわるメッセージが重要なのであって、売れているのは商品じゃないんだ。

これはＤＭでの話ですが、接客の話でも同じです。

◎メッセージ豊かな接客で、客単価三倍！

またまた先ほどのふとん屋さんのお話。

彼のお店のふとん、高いです。彼の店の客単価は、普通のふとん屋さんの平均客単価の実に**三倍**です。

なぜそんなに高価な商品が売れていくのか。

彼は接客で「ふとんを売っている」わけじゃない。「メッセージを伝えている」んです。「みなさん、眠りって、どう考えています？　一生の三分の一は眠っているんですよ」という話から、彼のメッセージは始まる。最近の彼によれば、「お客さんが本当に高価だけれど価値の高いふとんを欲しくなるまでの、接客のプロセスがわかりました」、ということです。だいたいまずこれを言って、次にどうして、と。そして「体感」。そう、彼のところでは試着ならぬ「試寝」というコーナーがあって、必ず実際にふとんに寝させるんですね。家にも持って帰れる。家に持って帰って試せる。そういうプロセスがあるわけですが、常に伝えているのはメッセージ。「こういうふうに眠りなさいよ」「こういうふうに眠っていないからあなたの健康は害されているんだよ」と。

だから高価なものが売れる。

別に高価かどうかという問題ではない。彼が「教え」を伝えたあと、じゃあその眠りを手に入れるためには、このふとんで眠らないと…ということで、必然的にそのふとんが**ベストチョイスになっている**んです。必然的にチョイスされているわけだから、彼の店の商品点数は少ないんです。絞り込まれているわけです、商品が。売れていくのは、「教え」が伝わって「共感」を得た結果だから、多種多様な商品は必要ないわけです。

一方、「ニーズ魔獣」や「商品大魔獣」の魔力で、モノとして商品を売ろうと思うと、しかもその場合お客のニーズに任せていると、だーっと商品を並べて、「どれでもいいから好きなもの買って」ということになります。今、多くの店がやっているのは、この「なんでもいいから好きなもの買って」というやり方。

でも彼のところでは、そんなふうに「商品」を売っていない。そこには「教え」があるわけです。

「僕の教え、わかりましたか」って、彼はそんな言い方をするわけではないけど、お客としては「わかりました。私の眠り方は今まで間違ってました」という感じですよね。「じゃあこれからこの眠りにしますか？」「します」と。だから第一章で言いましたが、このお店のベビーふとん、たった一種類です。「品揃えと価格で勝負」なんて、まだ巷では言っていますが、彼のところはたった一種類です。

このベビーふとんを既存のお客に案内したときのDMをわたしも拝見しましたが、「子供のふとんって、健康とかいろんな面で気を使いますよね」って話から始まって、「私も子供が生まれてすごくそういうことが気になりました。お母さんの気持ち、わかります」という感じでつながって、「私も自分の子供のために、ふとんのプロとして長年探してきくんです。そして、やっと見つけましたときて、そのたった一種類の商品の話に入っていきました。

「やっと見つけました」。これですよ。

マスターが「○○に最適の、すごくいい道具をやっと見つけました」と言ったら、そりゃ買うよね。

マスタービジネスには、豊富な品揃えというのはまったく関係ない。マスタービジネスにおいて豊富でなければならないのは、**品揃えではなくて、「教え」**です。「教え」を表現したメッセージです。

◎「お前にはまだ早い」

お客にメッセージを発信することにおいては、「マスターとしての態度」も気にして欲しいところです。

例えばお茶屋さんであれば、マスターとしてお茶の楽しみ方を教えなきゃいけない。ところが、それをまだよく知らないお客が来て、間違ったチョイスでお茶を買おうとした。

マスターとしてはここで教えてあげなければならない。

あなたなら何と言いますか？

「まことに恐縮ですが、お客様はまだ初心者でいらっしゃいますから、まずこのお茶から飲まれるとよろしいかと思うんですが、いかがなものでしょうか」

そういう言い方じゃないよね、マスターだったら。

「まず初心者はこれから飲むべし」って、そういう態度でしょ？


こういう話をしましょう。

わたしの知人が若い頃ひいきにしていた書店の話です。

彼が中学生の頃、学校で歴史小説が流行って、「自分も読んどかないと」って、その書店に歴史小説を買いにいったんだそうです。そうしたら、その店の親父がこう言う。

「お前、なんだ、歴史小説なんか読むのか」って。

彼は「いやあ、なんか読みたくなって」と答えた。

すると、その親父は彼が会計に持ってきた本をぱっと見てね、こう言った。

「お前にはまだ早い」

で、その本を勝手に片付けて、「これから読みな」って、別の歴史小説を買わされたらしいんですよね。

これはすごい世界ですが、マスターとしての基本的な態度なんですよ。

もちろん、ちゃんとお客にそこまで断言できるだけのものがないと、ただの威張ったいけすかない親父になりますが、マスターとしてのしっかりした知識があって、うんちくがあって、語らせるとすごい、というものがあって、その上で「入門としてはこれだよ」と言える。ここにも「教え」があるわけですね。

これがお茶屋さんであれば、「まず、これから飲みな」と言える。「この味がわかったら、次はこっちのお茶にいきな」と言える。冬の寒い日なんかに、「こういうしんしんと冷える日は、こういうお茶がうまいんだよ」とかね。

そういう態度が、マスターとしての正しい態度です。

この態度をもって、なおかつ謙虚に接する。これが大事です。

尊大にならないようにするには、あの野平祐二先生の「マイナー精神」です。

「マイナー精神とは、ファンのために尽くすんだ」という精神。

まさに野平先生はこの精神を貫いて生きた方ですが、そうである一方でキザで、かっこよく、ダンディでした。プロとして**いつもかっこよく、毅然としていた。**

いつもマスターとしてかっこよく、毅然としていること。しかもファンのために尽くすんだという精神で。ありがとう野平先生。

さて、とにもかくにも大切なメッセージ。

お客の動機付けにつながるメッセージがなければ売れない。そういうメッセージが不在ということは、売ってないということです。

感じとっていただけましたか？

いかに多くの方が、商品を売っていないか。

発信すべきメッセージというのは、商品名、価格ではありません。

みなさんの「教え」をわかりやすくメッセージとして書いて、伝えてあげるということです。

わかりやすくメッセージで伝えてあげる。

「あなたはこういう問題を抱えているでしょ、それにはこういう解決策がありますよ」って。「それはこの商品を買うことで解決しますよ」「こういうサービスを買うことで解決しますよ」と。「あなたはこういうワクワク体験を得たいでしょ、それはこういう商品を手に入れることで得られますよ」と。

こういうことをメッセージとして言ってあげなければいけない。

これが三種の神器のうちの、二つ目です。

第3の神器　コミュニティ

◎共感に基づくコミュニティの時代

三つ目の神器は「コミュニティ」。

ネーミングもメッセージも重要ですが、これからの時代は顧客コミュニティが不可欠です。

お客も、自分にとって居心地のいいコミュニティを探しています。

現代人はみな、なんともいえない孤独感を感じています。それは、かつてのコミュニティがなくなってしまったからですね。

昔は、まず「地域」そのものがコミュニティだった。日本には、農耕文化に根ざして、「村」というコミュニティがありました。その後、近代以降も「向こう三軒両隣」というのは、コミュニティだったんです。そこに自分たちの生きる場所というのがあったのです。あるいは高度成長期、「会社」はコミュニティだったわけです。そこでは人々は本当につながりが深くて、みんなで年に一回旅行に行ったり、運動会をやったり……。

ところが、そういうコミュニティは今、なくなりました。

子供たちにとっては、「学校」がコミュニティだったんですが、なくなりました。これは子供たちと、いろいろ語りあっているとよくわかります。「学校」は彼らにとって、もうコミュニティではないんです。

そんなぐあいに、今、すべての世代にとってコミュニティが不在なのです。

もっとわかりやすくいうと、「自分にとって居心地のいい場所、自分にとって居心地のいい仲間」というのが、不在なのです。

つまり、今、多くの人々が、コミュニティを渇望している。

そしてこれからの時代、特にどういうコミュニティが必要とされているのか……**そのカギは「共感」です。共感に基づいた、ゆるやかなコミュニティです。**

このコミュニティはつながりが非常にゆるやかです。それをつなぐカギは共感だけですから。

例えば同じコミュニティでも、例えば「会社」となると、いろいろ規律規範もあり、固いですよね。これが社宅とかで住居も同じになっちゃうと、もっと固い。向こう三軒両隣というかつての地域コミュニティや、学校というコミュニティも、やはりいろいろな地域の常識とか、学校だったら校則と、そういう規律に基づいた固いものです。

しかし世の中から、絶対にコミュニティはなくなりません。

だってそうでしょう。人間は全体の幸福のなかで生きていきたい存在ですから。孤独はいやなんです。

自分の所属するコミュニティを求めているわけですね。にもかかわらず、従来型のコミュニティは不在なわけです。

ところがここに、共感に基づいてつながることができるコミュニティが現れた途端に、それは自分が探していたものだったんだということがわかります。

例えば私が所属している「共同馬主」のコミュニティは、「気持ち的」に結びつきが強いものです。ただしゆるやかで。なにもお互いに規律規範があるわけじゃない。共感に基づいているわけですから。いつ脱退することも簡単。入会することも簡単。プライバシー、自分というものを持ちながらも、共感のコミュニティの中に楽に入ったり楽に出たりできる。

このコミュニティの有り方は非常に現代に合っています。

これにマスタービジネスが、**ずばっとハマります。**

マスタービジネス――あなたの「教え」とお客の「感動」をつなぐものは、共感でしょう？　現代の人たちはこういう、共感に基づいたゆるやかなコミュニティを求めているわけです。共感でつながっているコミュニティは、今の人たちにとって、最も欲するコミュニティの形なんです。

しかもマスタービジネスには、師としての「教え」があります。その「教え」に対する共感に基づいてお客が集まってきますから、このタイプのコミュニティを渇望している世の中の流れ、空気に非常にフィットします。

だからこそ、不思議なことが起こるんです。

例えば、先ほどの米屋さん。米屋さんなのに、ファンレターがどんどん来る。米屋さんで、店長が勧めた飾り棚やバンブーチェアを買う。こんなことが起きるわけです。

◎だからこそ「魔法のランプ」なのだ

共感に基づいたコミュニティができると、何が起こるか。

まず顧客の流出率が各段に下がります。何十％という単位で下がります。

お客の紹介率が上がります。なぜなら、自分が所属していて非常に幸せな気持ちを感じるコミュニティだからです。自分の大事な人をこの世界に連れてきてあげたいわけですよね。そういう気持ちから、顧客が口コミを積極的にします。それは、このコミュニティが、自分が外で広めるべき価値あるものだからです。

顧客情報が入りやすくなります。それは共感の輪があるからです。

セールスに対する反応率が各段に上がります。ただしそこにメッセージがないと反応率は上がらないですが、きちんとしたメッセージをもって商品を見せてあげれば、コミュニティのメンバーは、大変に高い反応を示します。メッセージをもって、動機付けすれば、そのメッセージに対して、コミュニティのメンバーは必ず反応してきます。その反応が、コミュニティ全体の何十％というときもあれば、数％のときもあるかもしれないですが、まったく見ず知らずの人にメッセージを発信するのと、コミュニティのメンバーにするのとは、まったく違います。まったく同じDMでも、コミュニティのメンバーと見ず知らずの人とでは、反応率の桁が一桁違うことなど、よくあることです。

雲泥の差、月とすっぽんです。

コミュニティは「魔法のランプ」です。

自分の顧客にコミュニティができていれば、**売り上げが欲しいときは、このランプをこすればいい**んです。

それはどういうことか。

ワクワク系実践会員で顧客コミュニティががっちりできているところは、売り上げが欲しくなると、顧客リストにDMを打ちます。

先日もこんな相談がありました。「DMの内容を見てください」というものですが、DMを出す理由というのがふるっています。

「今年は女房とよくがんばったので、ハワイでも行って豪遊しようと思ったんですが、その予算を組んでなかったんです。それで急遽DMを出そうと……」

これがコミュニティのパワーです。コミュニティは魔法のランプなんです。

コミュニティづくりをやるんだということを、ワクワク系マスタービジネスとしては、どんな商品を誰に売っていようとも、ぜひ決意してほしい。

コミュニティづくりは、相手が法人だろうが個人だろうが、誰だろうができます。例えばわたしは法人を相手に実践しているわけですから。必ずできます。

最初にまず一五〇人集める。一五〇人集めるところまでが、ひと苦労するところです。一五〇人集まれば、楽になります。まず一五〇人、集めることを始めてください。

その時期は、コミュニティの運営も慣れていないだろうと思いますが、一五〇人というのは大丈夫です。あなた一人で、コミュニティの全体に目が届きますから。

今すでにお客の名簿を見て、「これはコミュニティメンバーと言っていいな」と思える人が一五〇人以上いれば、それはOK。そうでなければ、コミュニティメンバーを集める活動に入ってください。

コミュニティの会員を増やすビジネス

ワクワク系マスタービジネスは、このコミュニティのメンバーシップを持った人々、です。このコミュニティのメンバーの数が、売り上げを左右します。

売り上げはすなわち**コミュニティメンバーの数によってもたらされる**のです。決定的に左右します。

このことは、住所・氏名をとった顧客リストがあるかないか、あるとすればどれくらいあるか……という問題ではありません。

住所・氏名をとったリストがあろうがなかろうが、お客との間にコミュニティが築かれているかどうかは気にしなければいけないし、またコミュニティを作り上げるという決心もして欲しいんです。

それをしなければ、魔法のランプの存在を知りながら、手にしないことになる。

マスターとしては、はなはだもったいないことですよ。

◎コミュニティづくりの最大のカギは

じゃあコミュニティづくりをするために何をすればいいか。

コミュニティづくりの根幹をなすもの——それは何だと思います？

丁寧な接客？

親密なお手紙？

心のこもったプレゼント？

どれもいいですが、それが根幹ではありません。

根幹をなすもの、それは**お客との接触回数**です。

まずは中身……じゃないんです。

そりゃそうですよね。

例えばある女性と初めてデートして、その後三ヶ月くらいほったらかしておいて、また久しぶりにデートして、それでまた三ヶ月くらいほったらかしておいて……それじゃあ絶対に口説けないですよね。

どうしても口説き落としたければ、たたみかけるでしょ？デートして、その後すぐ電話して、また一週間後くらいに花でも贈って……ってやるじゃないですか。

口説き文句より、まず回数です。マメさです。

お客とどれくらい密に接するか、これが大事です。

あなたは年に何回くらいお客と接触します？

三回？　四回？

新製品が出たときだけ？

え？　春と秋のセールしかない？

それでは全然足りません。

お客との接触回数があなたとコミュニティメンバーとの絆を左右します。

お客との接触回数をまず増やすこと、これが基本です。

まったく接触回数が足りてないにもかかわらず、中身だけ良くしても足りないんですね。

その上で、どういうコミュニケーションの中身にしていくか、という話になります。

◎「ファンレターの来る米屋」の真髄

ではその中身について、オーソドックスなやり方をいくつかご紹介しましょう。

そのひとつが、ニューズレターとわたしたちが呼んでいるものです。

これは、まあ言ってみれば「お手紙」です。お客との人間関係を築くためのツールです。

いくつかご紹介しましょう。

『倶楽部野村屋』――これは先ほどからご登場いただいている、女子大生からファンレターのくる米屋さんが発行しているニューズレターのタイトルです。

これが女子大生から、八二才のおばあちゃんまでを魅了する、この店のカギでもあります。サブタイトルに「嗚呼、楽しき哉人生」とあります。二〇〇〇年の十月からずっと続いています。

紙は普通の白のコピー紙、A4サイズ、一色刷り。四ページだてで左肩をホチキスで留めてある。手作りの素朴なものです。でもね、**情熱、こもってます。**だから、面白い。お客の反応もまさにそういう感じです。

彼自身、「米屋からのニューズレターなんて誰も読んでくれない」と思っていたら、なんとものすごく反響がある上に、「こんなお手紙が来ました」ということで、わたしに報告してくれたんだけど、女子大生からお手紙が来たっつうわけです。これがまたきれいな字で。

そのきっかけは、『倶楽部野村屋』の第弐号で彼が「しかし、早くもネタ切れ状態！いろんなネタを募集してます」と書いたこと。早くも二号目で、それに呼応してお手紙をくれるお客がいるわけですよ。

町の米屋さんが出しているニューズレターを、この女性は非常に楽しみにしている。まずね、この現象にみなさん目を見張って欲しいんですよ。

彼が金をかけて高級なニューズレターを作っているかというと、そういうものではない。しかし読んでいて面白い。こういうふうに情熱を持って出すことによって、ちゃんと伝わっていくんだということの事実。

この、ファンレターを出してくれるような、人間関係の築き方が重要なんだということをまず感じて欲しいですね。

このニューズレターの中身を読むと、米の話はほとんど出てきません。

その代わりにどういう話題があるかというと、先日あるテレビ番組を観ていてこういうことを感じたとか、最近ジャズに凝り始めて……とか、**個人的な話ばかり**です。

それでいいんです。これはお米を売るためのツールではないからです。お客と人間関係を作るためのツールだからです。その目的からは、ちゃんと、お客とのコミュニティをつくるためのツールになっている。

多くの方が「ニューズレターの書き方がわからない」と言いますが、書き方の細かいテクニック以前に、大事なことは、コミュニティをつくるためのツールなんだと、目的を明確にすることですね。

◎裏方部隊がコミュニティのスターに！

その意味で非常に参考になるのが、「肩書き」の話でご登場いただいた会社「プロ・アクティブ」がお客に出しているレター、『ワクワク梱包新聞』。このレターも作りは素朴です。彼らの写真入りの近況報告や、それぞれの得意な話題を語ってみたり。

わたしが目をみはったのは、これが、お客と直接接する部隊が作って出しているのではなく、オーダーのあったお客にその商品を梱包して出荷している出荷部隊、裏方部隊が出しているという事実です。

もちろんその目的は、お客と直接接する部隊――すでにこの部隊はずっとお客へニューズレターを送っている――だけでなく、全社一丸となってお客とのコミュニティづくりをしていくんだという考えに基づいているわけですが、それにしても、梱包部隊がお客へ人間関係づくりのレターを出す。

ものすごいです。

とは言え、このレターを出し始めて数ヶ月間、彼ら自身も、先ほどの野村氏ではないですが、「梱包部隊からのニューズレターなんで、読んでくれてるんだろうか」と不安になっていたわけです。

そこでお客に、はがきでアンケートをとった。

「梱包新聞についてどう思われますか？」

調査の仕事をやったことのない人にはピンと来ないと思いますが、郵送アンケートは大体戻り率三％くらいです。「お答えいただいた方にはもれなく五〇〇円の図書券を差し上げます」と言ってもねぇ……。まあ五〇〇円もらえるぐらいじゃ、なんでこの忙しいのに答えなきゃいけないの、という話ですわ。

この梱包新聞のアンケートにしたって、コミュニティがもし創れていなかったら、「梱包新聞いついてどう思われますか？」なんて訊かれても、そんなの答える暇ないよね、みんな忙しいんだから。

それが、**一三・三％も返って来た！**

この戻り率は驚異的です。アンケートの謝礼についても、「もれなくアレを差し上げます」としか書かれていないのに。

これは彼らとお客さんとの間に、『ワクワク梱包新聞』を通じて、人間関係ができているという証拠です。

このアンケートには「自由記入欄」があり、（通常、アンケートでこのような空欄に記入してもらうことは極めて難しいんですが）わたしはこの空欄に書いてくれている人たちの数の多さに、またびっくりしました。そしてその一言一言の熱く、心のこもったこと！

「梱包新聞など、とても梱包に愛情を感じます……これからも心あたたまる梱包……おねがいします」

「箱の中の商品が解っていても、なぜかいつもワクワクしながら開けています。本当にありがとう！　これからもよろしくお願いします！　がんばってくださいね」

「なかなか梱包してくださる方の顔まで見えてくる会社は少ないので、『梱包新聞』を読むとプロ・アクティブがとても身近に感じられてうれしくなります」

これらの熱い声の数々は、本当にその返信はがきに書いてあった言葉、そのままです。

通販会社の方々はもちろんのこと、お店をやっている方も、法人営業をやっている方も、この非常に素晴らしい実践から、何かを感じとってください。

梱包という裏舞台の人たちですらお客さんとの間にこれだけ密接な人間関係が作れるという事実。プロ・アクティブではこれに触発されて、データ入力の人は入力新聞を出すとか、伝票を送る人は伝票新聞を出すとかそういう発想に切り替わってきている。

それからこれはコミュニティづくりの目的からすると副産物ですが、こういう風にお客とつながっている実感を持てて、梱包部隊のやる気が格段に高くなったということ。はっきり言ってボーナスなんかよりもよっぽどパワーがある。

もう、メンバーはこのアンケート後、やる気ががぜんアップした。こういうやる気は持続するんです。

成果を上げたら、それに比例して賃金が上がるということでは、意外とモチベーションが持続しない。でもこういう場合は持続する、もうちょっと正確に言うと、クセになるんです。この種の感動はクセになる。**だって魂のごちそうだものね。**

ところで、ニューズレターを発行する場合、そのネーミングもちゃんと考えてください。

岐阜のワクワク系葬祭業「のうひ葬祭」さんのニューズレターのタイトルは『合縁奇縁レター』。

わたしも初めて知ったんですが、「合縁奇縁」とは、「人の交わりには、互いに気がよく合う、合わないがあって、それは不思議な縁によるのだということ」（岩波国語辞典第五版より）だそうです。

「のうひ葬祭」さんはここに、自分の思いをこめた。「亡くなった人が、私とあなたの縁を作ってくれました。私はこの縁を大事にしていきたい」と。単に「葬儀サービス」を提供するんじゃなくて、これをひとつの縁として、大切な人を亡くした人のその後も支えていきたい、と。

今、あなた、この話を聞いてどう思われました?

この「のうひ葬祭」さん、「非常にいい葬儀屋さんじゃないか」って、感じませんでした?「今度葬儀やるときは、のうひさんに頼もうかな」って思いませんでした?

そうなるんですよ、お客は。こういう思いを込めてタイトルを付けましたってだけで、お客はそう感じることができるんですよ。

三国屋さんの場合、『茶楽依倶楽部(さらいくらぶ)』。

ここには「茶を楽しむことに身をまかせる」という、彼の思いが込められています。

「ジーニアス井上塾」さんの場合、『頭脳活性化倶楽部』。

やっぱり「あなたの頭脳を活性化してください」って思いが込められてますからね。

◎〝お祭り〟がコミュニティを強くする

お客とのコミュニティづくりにあたっては、「イベント」も重要です。

イベントというと、すぐ大げさなもの……歌手が来て歌うとか、ぬいぐるみのショーがあるとか、そういう類のものを思い浮かべる方が多いですが、大げさである必要はありません。

小さいイベントをちょこちょこやればいいんです。

会員である新潟のあるリサイクルショップさんから、こういうご報告がありました。

二月の新潟は雪に閉ざされてしまうらしくてお客が来ない。毎年ね。で、彼のところでは二月対策として、例年この時期にセールをやっていたわけです。今年もその恒例のセールは企画していたんだけれど、今年はワクワク系らしく、セールの日だけでなくて、イベントの日も設けようということで「お茶会」を企画した。「イベント」と言っても、いい意味でささやかなもので、お茶を飲んでお茶菓子を食べて談笑するだけです。そのご案内を顧客に出したわけです。

ところが実は段取りにミスがあって、セールの前日にそのお茶会を企画してしまった。さすがに店主さん「次の日はセールだし、お茶会の日に来ても商品は値下がりしてないし、これはお茶会の集客はダメなんじゃないか」と思ったらしいんですね。さらに当日は雪も降って、かなり集客を危ぶんだ。

けれども、結果ふたを開けてみたらどうだったか。**お茶会の日の方が売り上げが良かった。**

こういうことがあるわけです。

「お茶会」というイベントに惹かれて、雪の日にお店までわざわざ足を運ぶお客がそれだけいたわけですよ。

もう一日待てば次の日には値段が下がるということがわかっていながらも、買って行った人たちが少なくない。これは、お店というものに何を求めているのかということが垣間見える話だと思うんです。

イベントをやるということも、コミュニティづくりのためのツールです。

酒屋さんでも、試飲会とか、そういうささやかなイベントってあるよね。一、二本抜いてお酒を飲ませる。大げさなものではないんだけど、繰り返し細かいことをやっていると、なんか恒例になってくる。

そういう機会があれば、お客は結構頻繁に行くんです。

それから「お祭り」も大事。お祭りは絶対にやってください。

コミュニティのメンバーとお祭りをやってください。

最低年に一回、コミュニティのメンバーに声をかけて、盛大なお祭りをやる。

なんでもいいんです。

例えば、ハウスメーカーさんで、ＯＢの、すでにその会社で家を建てたお客さんを集めて、年に一回バーベキューパーティーをやる。

ものすごく好評だそうです。

で、ＯＢバーベキューパーティーをやり始めてから、**紹介率が上がった**というんです。

コミュニティが強化されているんです。

お店であれば、店内に「年に一度の○○パーティーをやります」とかいって参加者募集すると、こういうコミュニティづくりができていると、お客さんは結構参加します。

法人客を相手にしている会社にも、お祭りは必要です。

わたしの会では年に二回大きなお祭りがあります。それはものすごい盛り上がり、それを楽しみに入会している人がいるんじゃないかと思うくらいです。

お祭りには非常にパワーがあります。

毎年そのお祭りをやっていくとそれは恒例化しますから、またそれがコミュニティの強化に役立つ。

あの「だんじり祭り」で有名な岸和田の方に聞いたんですけど、だんじり祭りの時期はみんな祭りのために生きているんじゃないか、という感じらしいですね。会社も休めるそうです。他のどこの地域に就職していても、岸和田の人間だとわかると、だんじり祭りのときには休めるんだとか。

お祭りというのは、人間にとって不可欠のものなんです。

どんなお祭りが不可欠かというと、コミュニティのお祭りです。

自分の所属しているコミュニティの、年に一回のお祭りというのは、不可欠のものなんです、人間にとって。

ただこの第三章の冒頭で言いましたように、今はコミュニティそのものがなくなっている。

しかし、岸和田にはコミュニティがあるんです。

それが年に一回の「だんじり祭り」で、強力にコミュニティが強化され、そしてずっと維持されているんです。

わたしも以前イベントプロデューサー時代に、「からくり人形」というものにずいぶん深く入りこんだ時期がありまして、全国にはすごい壮麗な山車、からくり人形を保存している会があって（そこは愛知県の半田市とかなんですけど）その町の人たちは、年に一回の祭りのために生きている。でもそういう町は、「町」というコミュニティが崩れていません。

お祭りががっちり地域に根付いて残っていて、老若男女そのお祭りに対する参加意識が高い町は、コミュニティが崩れていない。

しかしほとんどの町は、都会、地方を問わずそういうコミュニティが崩れつつある。

そして、みんな孤独感を抱えている。

だから、あなたが作るコミュニティがそれに代わっていくんです。

だからあなたのコミュニティには、岸和田のだんじり祭りのようなお祭りが必要なんです。

◎"シンボル"はコミュニティの誇りと喜び

さらに、コミュニティを強化するための「ツール」があります。

わたしはよく、顧客とのコミュニティづくりでの相談で、「バッジを作ったら」とか「Tシャツを作ったら」と言いますが、このためです。これらはコミュニティを強化するためのツールなんです。

例えばバッジ、Tシャツ、手帳。

ある学習塾が、子供たちのためにバッジをつくった。

「ブロンズ会員バッジ。ゼミに入会した方に全員差し上げます」

「さらに三ヶ月間がんばった方にシルバー会員バッジ」

「六ヶ月間がんばった子、成績の上がった子にゴールド会員バッジ」

「さらに六ヶ月がんばった子、イベントに参加した子にプラチナ会員バッジ」。

缶バッジですよ、これ。そんな高級なものではない。

でもこれが大ブレイク、という報告が来ています。

とにかく子供たちがバッジを欲しがる。

「君はゴールドバッジか」「僕もゴールドバッジになりたい」という話ですね。

とてもいい。

で、バッジを欲しがるのは子供だけじゃないんです。

うちの会では会員バッジがあるんですが、みなさんうちのバッジ、町につけて歩くかといったら歩かないだろうけど、バッジをいただいてすごく嬉しいというお礼状、たくさん来ます。

なんかいいんですね。

嬉しいんですね。

コミュニティを強化するためのツールですね。

バッジ、ジャンバー、Tシャツ、手帳……なんでもいいんですけど、「私はこのコミュニティのメンバーです」ということを、コミュニティのメンバーが認識できるものです。

それが**シンボルです。**

〝シンボル〟とは、「私はこのコミュニティの一員です」ということが認識できるものです。そしてそうであることの誇りや喜びが凝縮されたものなのです。

アメリカでの同時多発テロ事件はまだ記憶に新しいところですが、あの後アメリカでは、アメリカの国旗、星条旗が飛ぶように売れたんですね。あるスーパーマーケットチェーンでは、事件後二日間で六〇万本売れた。ある国旗製造業では、昨年一年間の出荷本数を二日間で出荷してしまった。道行く多くの車が国旗を掲げて走っている。アパートのベランダには多くの国旗が掲げられている。ニューヨークに住む人たちが、国旗がプリントされた観光客向けのTシャツを買っていくなど。テレビのインタビューで「なぜあなたはニューヨーク市民なのにこのTシャツを買うのですか?」と訊ねられて、インタビューされた市民はこう答えていた。

「私はアメリカを愛しているからだ」

このこともこの〝シンボル〟の力を表しています。

アメリカの人々があの悲惨な事件を、「アメリカ」のもとに団結して乗り越えていくとき、「自分たちは誇り高きアメリカの人民なのだ」という証、星条旗というシンボルが必要だったのです。

そしてアメリカの例からもう一つ。

あの事件後、さまざまな場所で国歌だけでなく、「ゴッド・ブレス・アメリカ」など、アメリカの人々の「愛国歌」が歌われました。

わたしはその状況を見て、かつてケンタッキー州に行ったときのことを思い出しました。

ケンタッキー州に何しに行ったかというと、ケンタッキーダービーという大変由緒のある競馬の祭典を観に行ったのですが、その日のメインレース、ダービー出走の前にケンタッキー州の州歌が流れたんですね。

そのときでした。

まわりの人たちが皆、飲んで騒いでいた若者たちですら騒ぐのをやめて、州歌を歌うのです。何万人という観衆の大合唱です。しんみりと聞き入っている人もいます。そして大合唱が終わったとき、「ヒューーッ！」「オオーッ！」という大変な歓声が沸き起こりました。

これには驚いたと同時に、わたしも何だか胸がじ〜んとなりました。彼らの、ケンタッキー州に対する深い誇りと愛を感じたからです。

あなたもありませんか？　在校時はろくに歌いもしなかった「校歌」が、卒業すると妙に懐かしく、同窓会とかで皆で歌ってじ〜んとなった経験が。

「歌」――これもシンボルの一つなのです。

〝シンボル〟――それはコミュニティの一員である証。そしてその愛すべきコミュニティの一員である誇りや喜びを凝縮したものなのです。

そういう大切なものなのです。

◎「三種の神器」はあなたのものだ

いろいろ長々とお話ししましたが、ここで整理しましょう。

まず、ワクワク系マスタービジネスを実践していくには、「三種の神器」が重要だということ。この「三種の神器」が一つでも欠けていると、マスタービジネスは最高の力を発揮できません。

そのひとつは「ネーミング」。ネーミングをきちっと捉え直してほしい。

ネーミングは魔法です。

そして「メッセージ」。メッセージは強力な武器です。

メッセージがなければお客を動機付けできないわけだから、「売っている」とは言えません。きちっとメッセージを発信しているか。例えばそれをちゃんとＰＯＰに書いているか。それがちゃんとお客に伝わるＤＭになっているか、ということですね。これが「売る」

ということです。これがないと「売る」という行為が成り立たない。

本当にくどいようですが、お客は商品を欲しいわけじゃないんです。メッセージに書かれている、「答え」を知りたい。それを教えてあげないで商品だけを売ろうとする。それはまったく武器を持たないで闘い、しかも勝とうとするようなものです。

メッセージは不可欠です。

そして「コミュニティ」。

コミュニティーの存在が、あなたのワクワク系マスタービジネスの売り上げ、収益を最終的に左右する。

あなたのコミュニティーをいかに大きくするか。このことを重要な目的として取り組んでいく必要があります。

そのために、コミュニティー形成手段として、例えばニューズレターを発行する。コミュニティーをより強固にしていくために、イベントを行う、シンボルを創る。

いずれにしても、コミュニティーを創り、育てていくことを決意して欲しい。

コミュニティーはあなたにとって魔法のランプなのですから。

◎商売人の醍醐味を感じ続けるために

『プロ・アクティブ』のスタッフであるドロシーさん（芸名です）が、社長であるガッツさん（こちらも芸名です）のことをこう語ってました。

「うちのガッツさん、一度ミッキーマウスの衣装をつけちゃったから、もう脱げなくなっちゃったんですよ」

これはどういうことかというと、マスターの心得です。

ミッキーマウスの衣装を身にまとった人は、絶対に人前でそれを脱いじゃいけない。だって、その人はただの「人」じゃなくて、「ミッキーマウス」なんだから。ある日ミッキーマウスが誤ってお客の前で池に落ちたとき、決して衣装を脱がず、あのにこやかな笑顔のまま池に沈んでいったなんて話があります。ただの小話だとは思いますが、ことミッキーマウスの話となると、やけにリアルな気もします。

つまり、一度お客をワクワクさせ続けるマスタービジネスの商売人の道を選んだら、それをやり続けることが大事だよねということです。お客はあなたに期待している。だってあなたはお客のマスターなんだから。

わたしは彼女にこう言いました。

「そうそう。それはこの商売をやる人はみんなそう。『芸人』の道はそれなりに大変なのよ。でもガッツさん、嬉々としてやってるでしょ」

ドロシーさんは笑って答えました。

「ほんっとにそう。燃えてます」

常にマスタービジネスの達人でいること―それは楽なことではありませんが、実に醍醐味のあることです。商売人冥利に尽きるところです。

あなたが達人の道を歩み続けるために、ここで「五つの秘儀」をお教えしましょう。マスタービジネスの実践を助け、成果を加速させる方法論です。あなたの役に大いに立ってくれることでしょう。

第4章

いつまでも
お客を感動させる
五つの秘儀

〝失われたもの〟を取り戻し、
「三種の神器」を手にしたあなた。
あなたはさらにここで
「五つの秘儀」を授かります。
それはあなたが達人であり続けるための大切なもの。
もうあなたの旅も終わりに近づいています。

秘儀❶ ひねりとユーモアを忘れるな

ユーモアを忘れてはいけない、これは鉄則です。

素敵な映画にはいつもユーモアの利いたセリフがあるでしょ?

例えばわたしの大好きな『ローマの休日』。この映画の中で、オードリー・ヘップバーン扮する王女とグレゴリー・ペック扮する新聞記者が偶然出会い、記者は彼女が王女とは知らず、眠ってしまった彼女を自分のアパートに連れていくくだりがあります。彼の部屋で目を覚ました王女と記者の一言。

王女「ここはエレベーターですか?」

記者「ぼくの家だ」

あるいはケビン・コスナーが主演した『さよならゲーム』という映画で、女優スーザン・サランドン扮するヒロインともう一人の主人公ティム・ロビンスがベッドインしているとき、彼女がケビンの名を呼ぶのでロビンスがそれに文句を言う。それに対して、ヒロインが一言。

「あなたと寝て彼の名を呼ぶのと、彼と寝てあなたの名を呼ぶのと、どっちがいい？」

さらにマイケル・Ｊ・フォックス主演の大ヒット作『バック・トゥ・ザ・フューチャー』で、マイケルが過去の世界で過去での博士（タイムマシンの発明者）に「僕の時代のアメリカ大統領はレーガンだ」と伝えて、

「レーガンが大統領だって？　副大統領はジェリー・ルイスか」

こういう気の利いたセリフは本当に多いよね。ユーモラスなだけでなく、ひねりが利いている。

ユーモアは場をなごませる。人と人との関係をなごませる。

だからユーモアは大切なんです。

しばしばお堅い経営者に出くわすと、「お客様にユーモアなんてとんでもない」と言い出す方がいらっしゃるんですが、「ユーモアが大切」とは、お客をからかうということではありません。

ここでひとつ実例として、「MoteMoteコーポレーション」（以下「モテコ」）が実践して、お客との素晴らしい関係づくりに役立っている話をご紹介しましょう。

「モテコ」では、お客に少しばかりのプレゼントをしているんですが、それが何かというと、陶製の、小指の先くらいの小さなたぬきの人形。

あなた今、「そんなものもらって誰が嬉しいの？」とお思いになったかもしれませんが、これはただのたぬきじゃない。「モテコ」流のひねりとユーモアが利いています。

「モテコ」ではこのたぬきを小さな袋に入れ、かわいいリボンをかけ、その中に四つにたたんだカードを同封してあって、そのカードにはこうあります。

『祝モテモテの道　モテモテ狸―狸。たぬき。他抜き。他を抜いて一番にモテる　あなたはいつの間にかモテモテよん……ふふっ』

これを持っているだけで他（た）を抜いて（ぬき）一番にモテる「モテモテたぬき」というわけです。

これが**大ブレイク。**

これがあまりにもウケたので、「モテコ」ではさらにカエルやお多福、招き猫とか魔除けのお守りなどなどを、モテモテシリーズとしてデビューさせています。

「モテモテカエル――昔はモテたよな～とモテモテにかげりが見えたら！」

「モテモテお多福――このモテモテ、わてが守ってあげまひょ！」

「モテモテ招き猫――モテモテを招く」と。

もう次々、全部モテモテにつなげたところ、みんなノリノリ。しまいには「ご利益レポート」なるものが、お客から続々送られてくるまでになってしまった。

いや、このご利益レポートというのはスゴイです。

わたしも見せていただきましたが、「モテモテたぬきを持ち始めた途端に、彼氏とうまくいきました！」とか、「モテモテカエルのおかげで、遠くに越していってしまった思い人が突然近所に再び越してきて、しかも付き合い始めることに！」なんて、「黄色い財布」や「ブレスレット」状態。それが全部お客からのお手紙なんです。

この「モテコ」の「モテモテシリーズ」は、もちろんユーモアなんだけど、これ、いいでしょ？「モテコ」という、自分たちの「マスター」としての在り方とも一貫性がある。

こういうひねりとユーモアは、お客も大歓迎です。

ただ、ユーモアに関してお気をつけいただきたいところが一つ。

お客へ「売る」ためのメッセージを、ここでユーモアを利かせようとするがあまり、ユーモアを通り越してただのギャグになってしまっているケースがときどきあります。

あるカー用品店さんの話。

アルミホイールの売り場で「ワクワク系のPOPを付けました！」というご報告をいただきました。わたしが「どういうのですか」と訊くと、「叶姉妹」。わたしは「？」と思い、「これがなぜワクワク系なんですか？」と訊ねると、「そのこころは、今回のアルミホイールはゴージャスがテーマなんで、ゴージャスといえば叶姉妹ということで」って、**『笑点』やってるんじゃないんだから。**

これは間違いですね。

なぜなら、メッセージは動機付けをするために発信するものだから。この場合、「そのこころは」と言っても、「叶姉妹」ではお客を動機付けできないでしょ。

まあそこのところはお気をつけいただくとして、お客はみなさんのビジネスを通じて「毎日をワクワクして過ごす方法」を学んでいるわけですから、そのコミュニティは「ねあか」にね。ひねりとユーモアの精神でいってもらいたいということです。

秘儀㊁　真似ろ。しかし、真似るな

真似ろ、しかし真似るな——これはどういうことだと思います？

人間、何か新しいことを始めるときに、まず参考になるのはその道をすでに歩んでいる人の姿ですよね。

その意味では、芸事というのは、早く上達するためには「真似る」のが一番です。また、他の人の芸を真似ることで、新たな芸域が広がります。

六〇〇年前に書かれた一流の能演者になるための実践書、世阿弥の『花伝書』でも真似ることは奨励されています。また、有名な画家たちは皆、美術館などで過去の著名画家たちの作品を模写しました。偉大な先人たちを真似ることで、その精神に近づき、少しでも早くそこに到達しようとしたのです。

ただ、ここで大事なことがあります。

真似るのは何のためか、ということです。

それは、自分のマスターとしての力を向上させるためです。自分の感性、知識量、発想力、編集力、表現力を高め、より多くのものをお客に与えることができるようになるためです。

つまり、それは自分の創造性を向上させるために「真似る」のです。そこには、一刻も早く「自分」を表現できるようになるための、意志と情熱があるのです。それは真似ていても自己表現なのです。

この本質的な目的を忘れ、ただ怠惰に他の人を真似るだけの「真似」、そしてそれをさも自分のもののように発表する姿は、もっとも醜いのものの一つです。

これからの商売では、人が創造したものを、まったく自分は考えもしないで、信念も情熱もなくただ真似ること——これは、もう通用しません。

例えば、会員さんからときどきご相談がありますが、「自分たちがこういう風に工夫して作ったチラシやDMをライバル会社にそっくり真似られた」とか「自分たちがようやく考えて作った店構えとか、商品構成をそっくりライバル店に真似られた」とかで「どうすればいいでしょう?」って。

どうもしなくていい。

それはなぜか。

なぜならそれは自己表現ではない。「型」だけ真似ていても、そんなものでこれから人の心を魅了することができるかと言えば、**絶対にできません。**

自分で考えて活動の中に意味を込めていくということを、他人の真似をする人は忘れているわけですよ。単なるテクニック、単なるうわべのものだけに走っているわけ。

これには**致命的な欠陥があります。**

それは三つある。

まず、今言ったように、所詮その程度では、人の心を深くワクワクさせることができないというのが一つ。

劇団四季の代表、浅利慶太氏が、インタビューでこういうことをおっしゃってました。

「また面白いもので、作品に対する理想を捨てたらお客は来ないんです。（劇団四季は）見世物師としてはかなりの技術を持っていますが、テクニカルな部分で感動的だったというお客さんは一人もいません。それに、人から借りてきた論理なのに自分で考えたように錯覚してしまうのも危険です。観客にメッセージが届かない。自分の体や生きざまから出たものじゃないと観客に見破られてしまいます」（二〇〇一年九月四日付日経流通新聞より）

こういうことですね。

もうひとつは、それを生み出すことを習慣化しようとしない人が、継続的にお客さんをワクワクさせることはできない、ということ。

これはこういうことです。きわめて緻密に商品や店や、あるいはＤＭやチラシを真似たところで、それは、それまでのあなたしか真似ることはできないでしょう？　「芸」というのは、一度お客に見せてしまえば、その瞬間から陳腐化するので、あなたにとっては、もう過去の芸ということになる。ところが、それを何も考えないで、ただ単に必死に真似る者にとっては、そこがゴールとなる。

この差は大きいです。

あなたは芸をアウトプットした途端に、次のことを考えている。次の芸を生み出すための活動に入っている。一方ではあなたを真似るだけで、何も考えていない。

人間ね、考えることをやめてしまうと、考える力は退化します。どんどん弱くなる。それは、仕事がらさまざまな人と会っていて、非常に思うことです。そういう人には「考えるクセ」がついていない。考えるクセをつけていないと、考えなくても日々が過ごせるようにどんどんなってしまうので、知らず知らずのうちに、考える力が退化してしまう。

この差は大きいです。

考えることのできなくなった商人は、新しい芸を生み出せなくなった芸人と同じですから、いずれ**自滅します。**

さらにもうひとつ。

ただ真似るだけの活動は、お客から見ると**一貫性のない活動**であるということ。真似する側はいいと思うところを真似ているだけで、その奥はなく、しかも深く考えることなくいろんなものの「いいとこ」を真似るので、結果的にそれは一貫性のない活動になる。

今のお客は一貫性のない活動を見抜きます。**そういう態度を疑います。**

ラスベガスにMGM GRANDというホテルがありますが、一貫性がないです。ミラージュのいいところ、シーザース・パレスのいいところ、サーカス・サーカスのいいところを寄せ集めていますから、一貫性がないんです。

初めてラスベガスに行った人は、想像していた、期待していたラスベガスらしい雰囲気やそのスケール（五〇〇五室の超大型ホテルで、世界最大級）にウォーッと驚くかもしれないけれど、MGM GRANDにリピーターたちが行くかというと行かないわけです。

それはなぜかというと、MGM GRANDというホテルが表現しているものに一貫性が感じられないから。誰をどのようにワクワクさせたいのか、それに彼らがどういう感情を込めているのかということが、カジノの演出やレストランや部屋やその他周辺の施設から、サービスから何からまったく一貫性が感じられないんです。

今はそれが通用する時代ではない。

◎真似は右脳にばれている

また、人はそのうわべだけの真似の「浅さ」を見抜きます。

なぜ見抜けるのか。

ここで少し興味深いお話をしましょう。人の脳の話です。

人の脳には左脳と右脳があり、それぞれ役割が異なることなどは、あなたもたぶんご存じでしょう。実は異なるのは役割だけではなくて、左脳と右脳では情報処理能力が格段に異なるんですね。

左脳の情報処理能力は、一秒間に四〇バイトであるという研究報告があります。そして右脳の方はどうかというと、なんと一秒間に四三〇万バイトであると。およそ一万倍の処理能力ですね。

これがどういうことをもたらすか。

わたし、この説を聞いて最初に思ったことは、映画の演出についてのことです。黒澤明という日本が世界に誇る映画監督をご存じですか？　この黒澤監督のこだわりについてですね。

黒澤監督は画面に映る非常に細かいところ、さらには映らないところまで、はたから見ると異常なまでにこだわったそうです。例えば、映画『赤ひげ』のセットで薬たんすがあるんですが、このたんすの引き出しを開けるシーンはないにもかかわらず、その引き出しの中には、劇中の時代の本物の薬が入っていたとか、映画『トラ・トラ・トラ』（最終的には黒澤監督は最後まで撮れなかったが）のワンシーンで、ある登場人物の部屋に置いてある手紙の中身が別の映画で使用した手紙だった。別に映画中に中身を見るシーンがあるわけではないのですが、このことに黒澤監督が激怒したとか、そんなエピソードがいろいろあります。

『スター・ウォーズ』のジョージ・ルーカス監督が黒澤監督に傾倒していたことはよく知られた話ですが、わたしは何かのインタビューでルーカス監督が、「黒澤監督から学んだことは多くあるが、その中でも細部へのこだわりは重要だった」という意味のことを言っていたのが、非常に印象的だったですね。

近年、二〇世紀の名作『スター・ウォーズ』をルーカス監督がリメイクしましたよね。

最初の公開の頃は、技術的な問題や予算的な問題でできなかったことをリメイク版で完璧にしたと。わたしスター・ウォーズファンですから、もう何十回も見てますから、もう喜んで観に行きましてね、で、どこが変わったか、全部はわかりませんでした。「これは本当に映画一本撮るくらい金かけてるんだろうか？」わかりませんでしたけれども、多分わかるんでしょう。それはね、人間てなぁわかるんですね。右脳で、ね。

黒澤明監督やジョージ・ルーカス監督らは、超一流だけにそこのところを感じとっていた。

そういうところに手を抜くと、すべてがだいなしだ、と。

「ウソ」や信念も情熱もない「真似」には、人の左脳は気づかないかもしれませんが、右脳にはばれればれだということです。

お客は「理解」していないだけで、感じています。

そして言うわけです。

「なんか、あれ、いまいちだよね」、と。

そしてそれが誰かの真似だとわかった途端、お客はそういう真似をした人を蔑む。それが、安易に真似をする人の、定められた末路なのです。

秘儀㊂ 「珍しさの花」と「まことの花」

六〇〇年前に書かれた世阿弥の『花伝書』。これには非常に学ぶところが多いです。彼は一連の『花伝書』を通じて、人の心をうつ本質的なものを「花」と表していますが、その「花」に関して、こういう話があります。

「珍しいものには、珍しさの花がある。人は一瞬その花に引かれるが、それはまことの花ではない」

この一文だけで、例えばなぜ、鳴り物入りでオープンした大型ショッピングモールやテーマパークに一年で客がいなくなるか、よくわかりますよね。

オープンしたときには珍しい。珍しさの花がある。でもそれは長続きしない。なぜならば、それは永遠にお客を魅了し続けるまことの花ではないから。

だからそういう珍しさの花がある時期に何をやらなければならないかというと、「珍しい」だけでお客が来ているあいだに、コミュニティをつくらなきゃいかんということですよ。

ところが、多くの人は、オープンしたときにどっとお客が来ることがあって、それが永遠に続く気になって、有頂天になってしまう。

そこには珍しさの花があるだけなんです。

店なら、珍しさの花があるのはおそらく四ヶ月から六ヶ月。四ヶ月から六ヶ月でしぼんでしまうわけですね。だからその四ヶ月から六ヶ月の間に、コミュニティをつくる動きをきちんと軌道に乗せることが重要です。なぜならその期間は、非常に楽にお客を集めることができるからです。

商品なんかもそうですよね、珍しさの花があるんですよね。

ただ、珍しさの花というのもまた花のうちですから、お客にとっては珍しいということも、とても心引かれます。

でもそれを意識しすぎて、多くの人が珍しさを追求しすぎます。

例えば、どこにもない酒を売ろうとする、どこにもない料理を出そうとする、どこにも売っていない商品を売ろうとする。これはまことの花ではないわけです。

そういう珍しいものを積み重ねていって、本当にお客が一生付き合ってくれる関係をつくれるのかというと、それは違います。

わたしにはこういう記憶があります
イベント屋をやっていると、どうしても珍しさの花に走るわけです。特に集客イベントなんかやっていると。「幻のシーラカンス展」とかね。

珍しいですよね「シーラカンス」。一度は見てみたいですよね。でも一回見たら終わりです。幻のシーラカンス、毎週見にくる人はいない。

「エジプトの秘宝展」、珍しいから来ます。

でも、エジプトの秘宝を毎週見にくる人はいない。

でも、例えばあのおふとん屋さんやあの米屋さんには毎週来る人がいる。

それは「珍しさの花」じゃないんですね。

とは言え、「珍しさの花」は、たしかにまことの花ではないけど、あります。一時、お客の関心を強力に引き付けます。だけども、その花は……覚えておいていただきたいのは、**二回まで**です。珍しさの花は、同じお客には、二回までしか通じません。ですからそこでお客がもっと継続的に心引かれるものを訴えていかないと…永遠に珍しさだけで勝負しなければいけない。それはやっている方ももちません。

珍しさだけを追わないで、それでいていつまでもお客を飽きさせない——それに大切なのは「珍しさの花」と「まことの花」とのバランスです。

秘儀㊃ 花見に学ぶこと

花見こそモデルケース。

わたしは永遠にお客を飽きさせないもののモデルケースは花見だと思っています。

お花見って、**いつも桜じゃないですか。**でもどうしてみんな毎年お花見をやるの？

ここにわたしは、永遠にお客を感動させ続けられる、すごく大きな種が潜んでいると思います。

そのカギは、**「いつもの心地よさ」と「珍しさ」の絶妙なバランス**です。

それは例えばディズニーランドと絶叫マシン系のパークとの差ですよね。

絶叫マシン系のパークは、パークそのものにはあまり魅力がない。新しい絶叫マシンに乗りにいくだけ。なので、永遠に新しい絶叫マシンを投入しつづけないかぎり、一気に客足が落ちる。ところがディズニーランドは、たしかにディズニーランドもときどき新しいアトラクションを投入しますけど、「いつもの心地よさ」というものを持っていますよね。

まずディズニーランドに行くと、ディズニーランド自体が持っている世界がとても気持ちがいい。ミッキーマウスやドナルドダックに会えばワクワクする。そしてときどき、新しいアトラクションや新しいパレードがある。期間限定のイベントがある。

それが永遠のリピーターを獲得する非常に重要なバランスです。

「いつもの」ばかりやっていると、お客は飽きてきますから、ときどき「珍しいもの」をやる。でも、「珍しさの花」ばかりを追ったりしない。

ここが大切です。

その意味で、花見こそ永遠にお客を飽きさせないモデルケース。

まず、「いつもの桜の花」というのがある。でも、ちょっと花見に行くメンバーが違うとか、今年の花見はこういうことをやってみようかというちょっとした趣向が違うとか、つまりちょっとしたそこに「珍しさ」、変化がある。そういうものが、花見には毎年新たにありますね。例えば「会社で花見に行こう」と。今年は新入社員が入ったとなると、「おい、お前なんか芸しろよ」と。新しいですよね。なにか変化があるわけですよね。まったく同じメンバーで行くときでも、「今年は○○の桜を観に行くか」とか、「今年はスパークリングワインでも飲もうか」という、ちょっとした変化、珍しい趣向。

花見は非常にバランスがとれているモデルケースだと思いますね。

みなさんも花見、行くでしょ。

しかも毎年来るんだよね、花見って。

毎年みんな行きますから、**花見って顧客流出しない。**

もし桜の花が花見を商売にしていたら、永遠に顧客流出しない。しかも次から次へと新しい顧客を獲得できて、すごいビジネスです。

花見こそモデルケースだと思いますね。

いつもの、恒例の、なじみ深い、自分にとって心地のいいものと、そしてちょっとした変化、ちょっとした珍しさが加えられていく。それが四季が巡るごとにまた巡ってくる。

ここには本当に、人を飽きさせない非常に重要な種が詰まっています。

秘儀㊄ 楽しめ

かのウォルト・ディズニーがこういう言葉を遺しています。

「ディズニーランドは子どもだけを相手に作ってるんじゃない。人はいつから子どもでなくなるというのかね」

子供のように楽しむのではなく、子供にかえって楽しむのではなく、あなたもまた子供であると。

わたしの大好きなサン＝テグジュペリの晩年の傑作、『星の王子さま』（岩波書店）の冒頭にはこうあります。

「わたしは、この本を、あるおとなの人にささげたが、子どもたちには、すまないと思う。でも、それには、ちゃんとした言いわけがある。（中略）そのおとなの人は、むかし、いちどは子どもだったのだから、わたしは、その子どもに、この本をささげたいと思う。おとなは、だれも、はじめは子どもだった。（しかし、そのことを忘れずにいるおとなは、いくらもいない）」

おとなはだれもはじめは子供だったのだから、いつから子供でなくなったのでしょう。

わたしは「いつから」について、こう考えます。

人はいつから子どもでなくなったのか――それは、自分の仕事を楽しめなくなってから。

子供の頃、「遊ぶ」ことはまさしく「仕事」でした。

「遊び」の中から知恵を授かり、世界を知り、人間関係を覚え、紡ぐわけです。

「遊び」こそがもっとも偉大な教師であり、もっとも大切な友達だったのです。

でもいつしかおとなになって、「仕事」について、「遊び」とは「仕事」以外の時間にやることになってしまった。

「仕事」を楽しむことはしない。それはなぜかというと、「仕事」というのは「苦行」であって、「楽しいこと」ではないという、誰がいつ決めたのかサッパリわからない、でも多くの人が持っている「前提」があるからですね。

「仕事を楽しまない」と決めている人たちに、わたしは本当に多く出会います。

すっごくもったいない話です。

朝起きてから、夜眠るまで、仕事にたずさわっている時間はとても長いというのに。

お客をワクワクさせておひねりをもらうビジネス――これは、実は**とても楽しいもの**です。実に楽しい「仕事」です。子供の頃、夢中になった遊びのように楽しめます。もっとも、ウォルトによれば、まだあなたも子供なのですが。

いつまでもお客を感動させ続ける秘訣、それは自分のやっていることを楽しむことです。

とは言え、実際に楽しいことなので、努力して楽しむ必要はありません。

お客をワクワクさせるとね、お客が探していた答え、毎日をワクワク過ごす方法を教えるとね、本当にお客の目がキラキラしてくるのがわかります。彼らがあなたに投げかける言葉、「ありがとう」が心からのものだと感じます。

それが楽しくないわけがない!

ですから、わたしも含めて、ワクワク系に取り組む人たちはみな、本当に仕事が楽しくて楽しくてしょうがないです。次は何をしようか、どんなことでお客をワクワクさせてやろうか、町を歩いていても、本を読んでいても、いつもそのネタを考えます。思いついたが最後、実行したくてしたくてうずうずします。そしてそれを実行し、お客がそのシナリオ通りにワクワクしてくれたとき! **やってて良かった**って、ほんとに思います。

実はお客をワクワクさせて一番満ち足りた気持ちになっているのは、なんのことはないやってる方なんですね。

お客をワクワクさせることを考えることに、まず日々ワクワクする。

そのためのネタを仕入れたり、知識を吸収しているだけでワクワクする。

なんかいいアイデアを思いつくたびワクワクする。

それを実行したときの、お客の表情を思い浮かべてはにやにやする。

実行し、お客の目がキラキラした瞬間に、うん! と、何か大きな充実感を感じる。

そしてお客からは、心からの「ありがとう」と、おひねりが飛んでくる。

楽しそうでしょ?

満ち足りてそうでしょ?

それはすべてあなたのものなのです。

だからあなたもお客をワクワクさせておひねりをもらうビジネスを、思う存分楽しんでください。真剣にその豊かな「遊び」を遊んでください。

どんなものも、本当に真剣で意味あるものは「遊び」になります。

映画『燃えよドラゴン』の中で、ブルース・リーと劇中の師との間で交わされる、こういう言葉があります。

「優れた闘いとは遊戯のようなもの。だが真剣に闘うべきものです」

そう、**商売とは真剣に営むべき遊び**なのです。

もうひとつ、最後に。

アメリカズカップというヨットレースをご存じですか?

欧米や特にオセアニア地域で非常に尊ばれている歴史のあるレースで、それぞれの国の威信をかけてヨットで闘う、世界最高峰のヨットレースです。

これがどれくらい権威があるかというと、悲願の優勝カップ――アメリカズカップ――を初めてニュージーランドに持ち帰った九五年の優勝艇の名船長ピーター・ブレイク氏は、この偉業を称えられ、エリザベス女王から「ナイト」の称号を授かったのです。それぐらい、アメリカズカップで優勝するということは、偉大なことであるのです。

この名船長ピーター・ブレイク氏が、あのインタビューで、次のようなことを語っています。

「ヨットレースというのは危険で過酷なものです。命がけです。私はいつもレースの直前には、乗組員を集めて最後の注意を与えます。そしてすべてがＯＫだと確認ができた時、私は必ずこう言って皆と共に船出します。〝ＨＡＶＥ　ＦＵＮ！〟」

――**HAVE　FUN!**（楽しめ！）

これが何かを成し遂げるときの、魔法の言葉です。

ＨＡＶＥ　ＦＵＮ！

そしてあなたがそうであるかぎり、お客はいつまでもあなたの生み出す〝ワクワク〟に心惹かれ続けるでしょう。
あなたがそうであるかぎり、栄光はいつもあなたのもとにあるのです。

第5章

あなたを待つ
人のもとへ

あなたはこれで〝失われたもの〟を取り戻した。
あなたはこれで必要なもののすべてを手にした。
さあ、還ろう。
あなたを待っている人たちがいる。
それは誰だろうか。
それはあなたの会社のメンバーだけじゃない。
また、今のあなたのお客だけじゃない。

「売る」ことは「教える」こと。

あなたを待っている人、それは世界の人たちだ。

「世界中にあなたを待っている人がいる」

このことを感じたことがあるだろうか？

今感じているだろうか？

師であると知れ。

この世には、
あなたでなければ語れない言葉があり、
あなたでなければ見せられない世界があり、
あなたでなければ与えられない気持ちがある。
だからこそ、それを語り、見せ、与えることは、
ほかならぬあなたの義務なのだ。

ネーミングは魔法だ。

Mote Mote コーポレーション
あなたの・・・
松岡　泉
Izumi Matsuoka
〒650-0026
神戸市中央区古湊通

おひねりをいただき、儲けることは、
なによりもあなたの義務なのだ。
今、〝失われたもの〟をすべて取り戻した
それがあなたの役割なのだ。
そしてそれはあなたにとって、新しい旅立ちでもある。

メッセージは最強の武器だ。

そう。あなたがここで手にしたものは、
〝失われたもの〟だけではない。
あなたがここで手にしたものは、
あなたが待ち望んでいたワクワクする毎日、
あなたの新しい「冒険」なのだ。

コミュニティは魔法のランプだ。

あなたが自分の役割を知り、その旅に帆をあげるとき、
たとえ世界が闇にあっても、しかしあなたに陽は昇るだろう。
たとえ世界が沈黙しても、しかしあなたの帆に風は吹く。
ときには嵐が行く手を阻み、雷《いかづち》があなたを打つ。
それでもあなたは進むだろう。

五つの秘儀を忘れるな。

なぜなら、あなたを待つ人たちに出会うこと、
それこそがあなたのミッション、
今こそがあなたの出番なのだから。

だから今、高らかに帆をあげ、旅立とう。

いざ、冒険の大海へ！

《参考文献》

『花伝書』世阿弥著
『五輪書』宮本武蔵著
『デパートを発明した夫婦』鹿島茂著　講談社現代新書
『お楽しみはこれからだ』和田誠著　文芸春秋
『ウォルトディズニー』ボブトマス著　講談社
『星の王子さま』サン＝テグジュペリ著　内藤濯訳　岩波書店

Special Thanks to

TOSHIYUKI TANIMIZU
KEISUKE KATSUHARA
HIRONOBU OSUGI
YASUHIKO NOMURA
TETSUSHI YAMAGUCHI
IZUMI MATSUOKA
KENJI YAMAGUCHI
TETSUO INOUE
KUNIHIKO DEMURA
MASATO SEKI
TETSUMA SUZUKI
TAKAO YAMAMOTO
NORIO AOYAGI
JUN ISHIDA

おわりに

この本の中に何度か登場する、女子大生からファンレターの来る米屋さん『野村屋』は、ほんの一年前までは、どこにでもある米屋さんでした。それがワクワク系マスタービジネスを実践し始め、一年後の今、わたしの本に「素晴らしい成功事例」として登場するばかりか、日経流通新聞、日経レストラン（特集『お客が惚れるメカニズム』に他業種の成功事例として紹介）、その他繁盛店を取り上げた単行本など、さまざまなメディアに取材を受け、掲載されるほどになりました。

同じく何度かご登場いただいたワクワク系ふとん屋さんは、さまざまな取材・掲載はもちろんのこと、今では業界関係者のみならずさまざまな方々が、場合によっては観光バスを仕立てて視察にみえます。（この視察団は、彼にとってはいささか困った状況ですが）「プロ・アクティブ」は、現在急成長中で、ここにも取材は多く、ついに社長の山口氏には、「自らの実践を本として出版しませんか?」との依頼が来たほどです。

彼らは「特別な人間」だったのでしょうか。

そう、彼らは「特別な人間」です。

でも、あなたもまた「特別な人間」なのです。

わたしがこの本を通じてあなたに伝えたいこと、彼らの今の姿を通じてあなたに感じて欲しいことも、このことに他なりません。

あなたにはあなたの「道」が、すでにあるのです。

それを歩むことで「特別な人間」であることを思い出し、「成る」のです。

なぜならあなたは最初から「特別な人間」だからです。

先日『ジーニアス井上塾』の井上氏から、こういうお手紙をいただきました。

――平成四年までは右肩上がりでした。平成五年から急降下となりました。万年赤字状態が続きました。経営セミナーに参加したら、「駅から歩いて五分、きれいなトイレ、美人の事務、フルカラーチラシ」が繁栄する塾の条件だと言うのです。きれいなトイレしかうちの塾には当てはまりません。

そこで彼は新年度募集にフルカラーチラシで勝負をかけたのですが…

――電話は一本も鳴りませんでした。

さらに手紙は続きます。

――塾の生徒の数が減って何を一番考えたかというと、「とにかく授業を良くしよう。生徒の成績を上げよう」ということでした。でも、おかしなことに、がんばればがんばるほど生徒の数が減っていきました。

そんなとき、彼はワクワク系マスタービジネスに出合います。そして実践を始めてから約三ヵ月後のある日、こういうことが起こりました。

――電話が朝からひっきりなしに鳴り続けました。社員が「今回はどうしたんだ」と叫びました。電話の応対が忙しくて「授業準備が間に合わない」と悲鳴を上げていました。

――七月の入塾者は昨年の二倍となりました。

今、彼はしっかりと儲けながら、心からビジネスを楽しんでいます。

嬉しいです。会員のみなさんから、しばしばこういうお便りをいただきますが、これはエバンジェリスト（伝道師）であるわたしにとって、この上ない喜びです。わたしこそが感謝したい気持ちでいっぱいです。

その意味でもこの場をお借りして、この本でご登場いただいたみなさんをはじめ、日々ワクワク系への道をまい進している、ワクワク系マーケティング実践会の会員のみなさんに、厚くお礼を言いたい。

あなたたちの実践が、わたしの原動力となっているのはもちろんのこと、わたしのもとに寄せられるその圧倒的な量の実践情報はわたしの知識・情報となり、それがわたしの感性と発想力を高めてくれます。言ってみれば、わたしがあなたたちのマスターであり続けることができるのも、あなたたちのおかげでもあるのです。

そして、エモーショナル・マーケティングの大家、わが盟友神田昌典先生には、言葉では書き尽くせない感謝を。この本に書かれている発想の多くは、彼とのコラボレーションの中で生まれてきたものだ。彼の著書、中でも『口コミ伝染病』『あなたの会社が90日で儲かる！』は、この本に共感された方はぜひ読んで欲しい。間違いなくあなたにとっての福音になります。そして彼が監訳した『あなたもいままでの10倍速く本が読める』は、あなたがマスター力を高めるための知識吸収に大いに役に立つはずです。

さて、この本を読まれて共感した方は、あとはぜひバットを振って欲しい。バットを振らなければヒットが生まれるはずもなく、ましてやホームランはあり得ない。

この本の冒頭でも言ったことですが、この本に書かれていることをすでに実践し、毎日をワクワク過ごしている方々が、全国通津浦々にいらっしゃいます。彼らの報告を読んでいると、本当に毎日が楽しそうで、しかも「商売」としてうまくいっています。あなたもバットを振った途端に、この本に登場してくれた人たちの仲間入りです。もちろんあなたも「商売」として成功できます。

ブルース・リーのあの言葉をもう一度心の中に思い起こしてください。

「考えるんじゃない！感じるんだ！」

あなたの心の声は、今あなたに「何をしろ」と言っていますか？

二〇〇一年一〇月七日

小阪裕司

〈著者略歴〉

小阪裕司（こさかゆうじ）

マーケティング＆マネジメント実践コンサルティング会社「オラクルひと・しくみ研究所」代表。山口大学（専攻は美学！）卒業後、小売業界での販売責任者、イベントマーケッターを経て92年独立。「オラクルひと・しくみ研究所」設立。

独自のビジネス経験とデータ分析、エンターテインメントやアート、哲学、心理学といった多岐にわたる分野の知識から創り出した「ワクワク系」理論に基づくビジネス実践術を用い、数多くの企業の経営指導にあたる。

ユニークな語り口と誰にでも実践できる理論に定評があり、セミナー、講演会、企業研修などの活動もさかん。

また2000年から主宰する「ワクワク系マーケティング実践会」には、一部上場企業から小さな商店まで幅広い層が会員として参加している。

主な著書に『ワクワク系で１０倍幸せに仕事をする』（ヴォイス社）、『毎日お客が来たくなるマーケティング実践術』（かんき出版）、『「惚れるしくみ」がお店を変える！』（フォレスト出版）がある。あらゆる「商売」と競走馬を愛する粋人。


〈連絡先〉

24時間ワクワク系マーケティング・ホットライン
03-4306-0278

24時間録音テープでご案内しています。お電話いただいた方には著者執筆の特別レポート「ワクワク系の店づくり実例集」を無料で差し上げます。

〈著者ホームページ〉
http://www.oraculum.co.jp

失われた「売り上げ」を探せ！

2001年11月６日　　初版発行
2002年１月18日　　５刷発行

著　者　小阪裕司
発行者　太田　宏
発行所　フォレスト出版株式会社
〒162-0814 東京都新宿区新小川町3－26
電話　03-5229-5750
振替　00110-1-583004
URL　http://www.forestpub.co.jp

印刷・製本　萩原印刷株式会社

ISBN4-89451-121-5　Printed in Japan